日帰りも
1泊も

ひとり旅を趣味にする

SUNCHANNEL

マイナビ

この本を手に取ってくださった皆さま、
本当にありがとうございます！
YouTubeチャンネル『Sunchannel』にて、
ひとり旅の様子を投稿しているサンと申します。
ひとり旅が大好きな私ですが、
「ひとりで旅行に行って楽しいの？」
という声をよくいただきます。
もちろん私も人生を過ごす中で、
家族、学校行事、友人、同僚など、
「他の誰か」との旅行もひと通り経験してきました。
身近な誰かと行く旅行も、
もちろん楽しいし素晴らしいと思っています。
だけど……
ひとり旅も誰かと行く旅に負けないくらい面白いんです！
「ひとり」で見知らぬ「旅先」を訪れることこそ、
五感が研ぎ澄まされ、
その土地をより深く感じることができます。
ひとり旅だからこそ味わえる適度な緊張感と冒険感は、

一度経験すると病みつきになること間違いなし！
大人になると、誰かと予定を合わせるのも大変ですし、
行きたい場所が合わなかったりしますよね。
そういう時は、「サクッとひとり旅！」をお勧めします。
長い間「これまでの旅をまとめたいなぁ」と
思っていたのですが、
なかなか時間がとれず悶々としていました。
しかしこの度、マイナビ出版様と、
これまでの旅をまとめるだけでなく、
それぞれの場所への「日帰り」と「一泊」の行程を載せた、
真に旅に役立つ本を、一緒に制作することができました。
これからひとり旅を始めたいという方、
ひとり旅が大好きという方、
もちろん家族や友人旅に行く方にも、
役立つ情報がギュッと詰まった一冊になっています。
本書が、みなさまの
素敵な「旅」の参考になりますと幸いです。

もくじ

便利&持っておきたいアイテム

ひとり旅は気軽で身軽ですが、
その分人に頼りづらいことが少々難点。
購入すれば済むような小さなものでも、
あらかじめ用意しておけば安心です。
「持ってくればよかった!」
とならないように、
準備しておきましょう。

1

モバイルバッテリー

せっかくの旅。写真や動画はいつも以上に撮影したくなるものです。また、マップ機能も多用するので、ぜひフル充電で用意しておきましょう。

2

酔い止め・常備薬

乗り物酔いが心配な人は必携です。場所によってはバスやフェリーなどに乗ることも。すぐに薬局が見つけられるか分からないので、頭痛や腹痛に効く常備薬も持っておくと安心。

3

絆創膏

ケガをするような場所ではなくても、予期せぬ切り傷や擦り傷はつきもの。木目のささくれに触れたときや岩場で足を滑らせたとき、もちろん靴擦れなどにも便利です。

4

折り畳み傘

家を出るときから雨が降っていたとしても、通常の傘はかさばって足手まといです。現地に着いたら晴れていた、ということも大いにあり得ます。もちろん急な雨に備える意味でもバッグに忍ばせて。

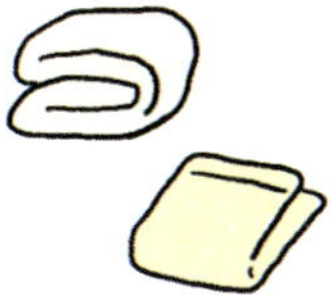

5

タオル

手を拭くのはもちろん、うっかり飲み物をこぼした、雨に降られた時のために持っていきましょう。ハンドタオルサイズを2枚持っておくとさらに安心です。

6

帽子

近年、暑い日々が長く続きます。日よけとしてはもちろん、熱中症などの対策にも持ってこいのアイテムです。特に標高が高い高原などは日差しが強いので、日焼け止めとしても役立ちます。

7

小さなお菓子

歩いて小腹が空いたとき、近場にコンビニなどがあるとは限りません。キャンディーやクッキーなどを少しお腹に入れておくだけで、しっかりスタミナ補給になります。

8

ごみ袋とウエットティッシュ

食べ歩きなどをする際、包み紙などのごみが邪魔になることも。小さめのゴミ袋を持っておくと便利です。また、手洗い場所がないところも多いので、ウエットティッシュは必携です。

9

文庫本

交通機関や飲食店での待ち時間、宿泊先でのリラックスタイムには読書がおすすめ。スマホやタブレットでの電子書籍も手軽ですが、たまにはページをめくる文庫本で、ゆったりとした非日常感を味わうのもおすすめです。

10

サブバッグ

旅はできるだけ身軽で行きたいもの。でもなぜか増えていく小さなお土産や、途中で購入したお茶などがバッグに入りきらないことも。そんな時は小さなサブバッグが便利。折りたためるエコバッグなどを持参しましょう。

11

虫よけスプレー

山や川辺には蚊だけではない虫も多いはず。暖かい時期に自然が多いエリアに行くなら、必ず持っていきましょう。虫刺されのせいで旅の楽しさが半減、なんてことがないように。

関東地方

埼玉 川越 P.10

・創業130年を超える老舗和菓子店のずっしり最中
・祭の熱気を一年中体感できる資料館
・散歩がてらに楽しめるせんべいの手焼き体験
・貴重な本丸御殿の佇まいに触れる
・身の厚い美味しいうなぎをミニサイズで堪能する!
・あんこが主役の新しい川越名物はカラフルでポップなお団子
・かつお節たっぷり! 〆の焼きおにぎり

栃木 宇都宮 P.14

・水餃子は酢醤油、焼き餃子はマヨ一味で
・駅から徒歩圏内で宇都宮の歴史に触れる
・地元に愛される宇都宮餃子の老舗
・古代遺跡を思わせる平均気温8℃の〝未知なる空間〟
・宇都宮で〝本場中国式〟の薬膳餃子をいただく
・この神社の存在なしでは宇都宮は成り立たなかった
・改札から1分のこだわり餃子でしめくくる

千葉 房総半島 P.18

・なくなり次第営業終了! まずは絶品アジフライを
・JR浜金谷駅から徒歩圏内ロープウェーで山頂を目指す
・日本寺で参拝を済ませたらスリリングな「地獄のぞき」を!
・地魚すしでその時期一番のネタを
・動物と触れ合うだけじゃない!季節の花を愛でながら手作り体験を

神奈川 江ノ島 P.22

・「江の島弁天橋」で海を眺めながら仲見世通りを目指す
・橋を渡ったら空腹をみたそう
・金運アップ? 絶対に寄りたいパワースポット
・さらに上がると訪れる大自然が生み出す神秘の洞窟
・創業100年を超える老舗で海鮮丼を堪能
・本格スパリゾート〝えのすぱ〟で心身のデトックスを
・お腹も身体も癒されたら海中の世界で思い出作り

長野
松本
P.26

・信州の大自然で育った蕎麦を
信州生まれのくるみダレで
・「新島々駅」からバスに揺られて上高地へ
・バスを降りたら大正池へ　ゴールは河童橋
・松本に戻ったら
ライトアップされた国宝に見惚れる
・宿泊したくなる
ホテルブッフェで手づくり朝食を
・長野駅からバスで10分　歴史感じるスポットへ
・ランチはしっかり信州特選ポークをいただく
・大杉の生命力を感じながら
創建二千年の神社を訪ねる

群馬
草津温泉
P.30

・蕎麦湯も自慢！　コシのある細目の手打ち蕎麦
・日帰り湯を楽しんだら浴衣に着替えて草津散策
・売り切れ前に絶対食べたい名物焼き鳥は必食！
・旅のクライマックスは伝統「湯もみと踊り」ショー
・〆は地産地消にこだわる釜めし専門店で
・温泉が流れる川で足湯も
朝風呂後の散歩も楽しむ
・地元でも愛される本格西洋料理の人気店
・散歩とランチのあとは草津を見下ろす神社へ
・"よい旅を"という意味が込められた喫茶店でほっこり

新潟
中央／南魚沼
P.34

・銘酒からおにぎりまで新潟の美味がすべて揃う！
・お酒や魚介類だけじゃない
ソウルフードは外せない！
・魅力あふれる新潟の自然に目を向ける
・こだわりの佐渡沖の鮮魚釜炊きごはん
・新潟の"おいしい"が一堂に！
旬鮮市場から1日を始める
・佐渡本店の味をそのままに
目の前で握りたてを！
・そのまま帰るのはもったいない
越後湯沢でへぎそばを
・新潟はお湯も有名　旅の疲れを日帰り湯で
・旅の締めくくりも新潟が誇る日本酒で

山梨
甲府
P.38

・週の終わりは名湯からビジホ利用で有意義に
・痒い所に手が届く無料サービスをフル活用
・手作り小鉢がずらり！
健康的な朝食でスタート
・武田信玄公を祀る勝運アップの神社へ
・"文化財の宝庫"といわれる
名刹で信玄公を知る

関東地方
埼玉
川越

都心から約30分の小江戸でひたすら食べ歩く！

江戸の城下町を思わせるレトロな街で存分に食べ歩く

コレで発散！
江戸情緒を感じながら城下町で食べ歩く

江戸情緒が残る川越市は、「小江戸川越」とも呼ばれ、歴史的建造物や文化財、ご当地グルメが目白押し。中でも人気を集めるのは、蔵造りの商家が並ぶ一番街やランドマークの「時の鐘」。その他にも歴史的建造物や寺社仏閣などの見どころも多く、国内外から多くの人々が訪れます。

また、一番街周辺には、数えきれないほどの食べ歩きグルメが。埼玉県産コシヒカリのおにぎりを炭火で焼いた「ねこまんま焼きおにぎり」や、あんこがぎゅっと詰まった大きな最中、おせんべいの手づくり体験など、つねに行列ができる名店ばかり。着物のレンタルも可能なので、江戸気分を存分に味わえます。

コース紹介

日帰りコース

1. 老舗和菓子店でずっしり最中を
2. 370年の歴史ある祭りを体感
3. おせんべいの手づくり体験で思い出作り
4. 日本で2つしか現存しない「本丸御殿」

一泊コース

5. 極上ブランドうなぎをカジュアルに楽しむ
6. 川越新名物カラフルなお団子を
7. かつお節店の猫まんま焼きおにぎりを

アクセス
◆電車：JR川越線・東武東上線「川越駅」
◆車：関越自動車道「川越IC」

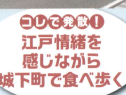

日帰りコース 1

創業130年を超える老舗和菓子店のずっしり最中

埼玉県内にて39店舗展開している1887年創業の「くらづくり本舗」の看板商品は、大きな鬼瓦と黒い壁で覆われた重厚感のある土蔵から「生まれる福」「伝え守る蔵」の思いを込めて作られた「福蔵」。最中皮に北海道十勝平野産の小豆、あんの中には「福餅」が入っています。5.5cm、厚さ3cm、重さ80gの大きな最中は、緑茶と好相性。食べごたえは十分なので、小腹を満たすのにぴったり。

最中皮には「福」と「蔵」がかたどられていて縁起が良い。1個200円

2 祭の熱気を一年中体感できる資料館

370年以上の伝統を誇る川越まつりが体感できる施設「川越まつり会館」。館内には、実際に川越まつりで曳かれる本物の山車2台と、資料が展示されています。また、3面スクリーンでは、まつりの映像が上映され、囃子の実演も定期的に実施。2024年に展示設備改修を行い、音声ガイドを導入するなど、祭りの魅力や文化がより分かりやすくなりました。

川越まつりの臨場感を味わえる。観覧料は一般300円

3 散歩がてらに楽しめるおせんべいの手焼き体験

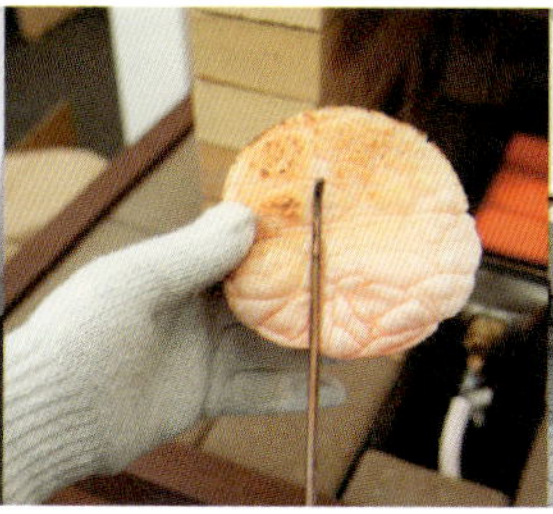

順番が来たら渡された生地を持って1枚ずつ焼いていく「しょうゆ」「えび」「枝豆」の3枚650円

初心者にもお子さまにも楽しめる手焼きおせんべい体験が楽しめる「十人十色」。厳選された3種類の生地を1枚ずつ丁寧に焼くことで、おせんべいがどんどん広がり、仕上がりの大きさもさまざま。焼いた後のお楽しみは、お米の旨味たっぷりのサクサク食感はもちろん、大きさを「見習い」から「超人」まで評価するシステム。初めてでも「名人」級に仕上がることも。焼いた後は袋に入れて持ち帰れるので、旅の思い出にもぴったりです。

4 貴重な本丸御殿の佇まいに触れる

「日本100名城」のひとつに選ばれた「川越城」には、日本で2つしか現存しない「本丸御殿」があります。川越の歴史を語る上で欠かせないこの城は、戦国時代から江戸時代まで、軍事と政治の要所でした。「本丸御殿」は三代将軍家光が鷹狩りの際に休憩所として利用した「御成御殿」だったのではと考えられているそうです。日本で本丸御殿の大広間が現存しているのは川越城と高知城のみ。貴重な文化遺産として保存されています。

東日本に唯一現存する、川越城の「本丸御殿」
写真提供：川越市立博物館

一泊コース 5 身の厚い美味しいうなぎをミニサイズで堪能する！

「米」には、手間をかけて良質なものを作る先人の思いを、「傳」には日本の食文化をつたえ（傳）たいという思いが込められた、うなぎの名店「傳米」。じっくりと焼き上げられた、香ばしい香りとふっくらとしたうなぎを店頭で販売しています。ミニうな飯やミニ蒲焼、肝焼きは川越観光のお供にぴったり。店内ではブランドうなぎを使用したお重をはじめとする、豊富なうなぎ料理を堪能することも可能です。

ミニうな飯800円、ミニ蒲焼500円、肝焼き400円と手軽に極上うなぎを楽しめる

川越に来たらコチラも！

「COEDOビール」

さつま芋から作られた、世界でも類を見ない「COEDO紅赤 -Beniaka-」をはじめ、黄金色のピルスナーまで、幅広い世界を提案しています。定番はシトラスを想わせるアロマホップが華やかに香る「毬花 -Marihana-」や、長期熟成の「漆黒 -shikkoku-」です。

看板商品の「恋小江戸団子」600円（2本セット）縁結びの願いがかけられた「抹茶プリン」600円

6 あんこが主役の新しい川越名物はカラフルでポップなお団子

複合施設「Hatago COEDOYA」のフードホールの一角にある「あんこのきもち」では、食べ歩きにぴったりなスイーツが人気。8色のカラフルなあんこがのったポップなお団子の種類は、定番の甘いあんこから、フルーツやラムネなどさまざま。季節によって変わるので、行くたびに違った味を楽しめます。ほかにも、プリンの上に川越の抹茶がふんだんにトッピングさた「抹茶プリン」や、「抹茶ラテ」も人気。

7 かつお節たっぷり！〆の焼きおにぎり

かつお節を中心に、昆布や煮干などの乾物を各種取り揃えている「中市本店」の名物は、店頭で売られる手作りの「ねこまんま焼おにぎり」。お米は埼玉県産コシヒカリを使用し、出汁しょうゆは鰹節と昆布でだしを取った自家製です。焼き上がりには本枯節といわし節をまぶしてくれます。数量限定なので、お見逃しなく！

日本人なら誰でも好きなねこまんまが焼きおにぎりに。たっぷりとまぶされたかつお節が贅沢

旅まとめ

①「くらづくり本舗 新富町店」
埼玉県川越市新富町 2-3-2
☎ 049-222-3747
11:00 ～ 19:00
元旦休

②「川越まつり会館」
埼玉県川越市元町 2-1-10
☎ 049-225-2727
9:30 ～ 18:00 最終入館
（10 ～ 3月は～ 17:00）
第２・４水曜休
（祝日の場合は翌日、
12/29 ～ 1/1）

③「十人十色」
埼玉県川越市元町 2-3-17
☎ 049-299-7713
10:00 ～ 17:00
不定休

④「川越城本丸御殿」
埼玉県川越市郭町 2-13-1
☎ 049-222-5399
9:00 ～ 16:30
月曜（祝日の場合は翌日）、
第４金曜休

●「COEDO BREWERY THE RESTAURANT&COEDOKIOSK」
川越市脇田本町 8-1 U_PLACE 1F
☎ 049-265-7857
ランチ 11:30 ～ 15:30(15:00L.O.)
ディナー 17:00 ～ 22:00(21:00L.O.)
土・日・祝日 11:30 ～ 22:00(21:00L.O.)
※ 15:00~16:00 はドリンクのみ
無休

⑤「傳米」
埼玉県川越市幸町 1-10
☎ 049-227-9998
11:00 ～ 17:00
水曜休

⑥「あんこのきもち」
埼玉県川越市連雀町 8-1
立門前第一ビル Hatago Coedoya 1F
☎ 040-299-4555
11:00-17:00
無休

⑦「中市本店」
埼玉県川越市幸町 5-2
☎ 049-222-0126
10:00 ～ 19:00（「ねこまんま焼おにぎり」の販売は金～月曜の 12：00 ～売り切れ次第終了）
水曜休

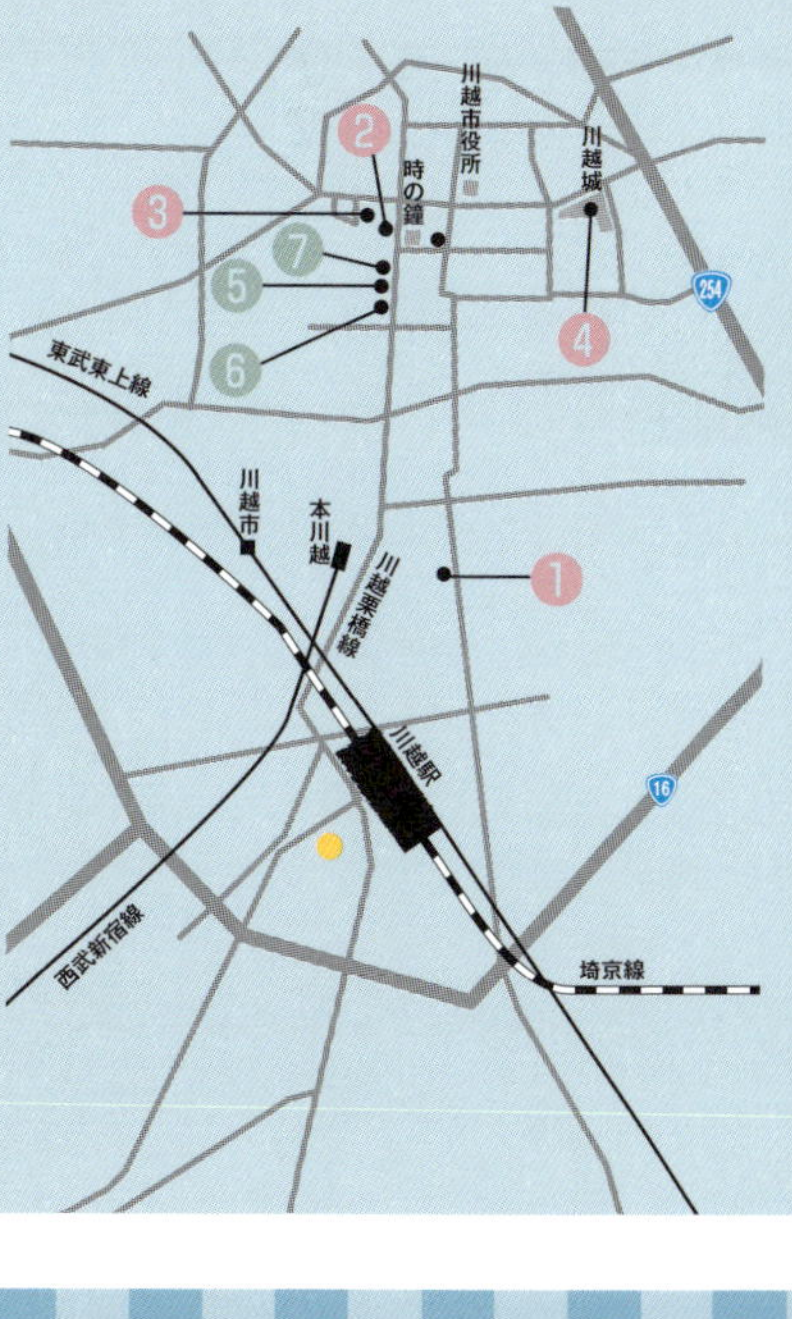

©Utsunomiya Convention & Visitorsbureau

宇都宮餃子と栃木文化を満喫！

コレで発散！
焼き・水・揚げ＆味変で餃子を堪能しながら文化にも触れる！

餃子年間購入額1位!? 宇都宮は見どころも満載

都心から新幹線で、約1時間で行くことができる、栃木県・宇都宮。連想されるのはやはり、餃子や大谷石、二荒山神社でしょうか。

そんな宇都宮で餃子が有名になったのは、市内に駐屯していた第14師団（大日本帝国陸軍の師団のひとつ）が中国に出兵したことがきっかけと言われています。また、夏暑く冬寒い気候から、スタミナをつけるために人気が高まったとか。

宇都宮の餃子は、焼きはもちろん、水・揚げ餃子もスタンダードで、つけダレもさまざま。腹ごなしの散歩にぴったりのスポットも盛りだくさんです。

日帰りコース
1
2
駅から徒歩圏内で宇都宮の歴史に触れる

コース紹介

日帰りコース ◀ 一泊コース ◀

❶まずは有名店で腹ごしらえ ◀
❷宇都宮城址公園を散策 ◀
❸宇都宮餃子の老舗で食す ◀
❹足を延ばして採掘場跡へ ◀
❺スパイス香る薬膳餃子を ◀
❻二荒山神社で参拝 ◀
❼旅の最後も餃子で締める

アクセス
◆電車：JR 東北新幹線・上野東京ライン「宇都宮駅」
◆車　：東北自動車道「宇都宮 IC」、北関東自動車道「宇都宮上三川 IC」

東武宇都宮駅から徒歩4分の好立地。「水餃子」500円は酢と醤油を回しかけ、スープも楽しめる。肉汁あふれる「焼餃子」500円はマヨと一味の餃天堂スタイルで

水餃子は酢醤油　焼き餃子はマヨ一味で

いわゆる宇都宮餃子とは一線を画す、もちっとした皮とニンニク不使用の餡のジューシーな肉汁が特徴の「餃天堂」。焼餃子はマヨネーズと一味唐辛子で食べるのがこちらのスタイル。また、翡翠に見立てた黄緑色の水餃子は、酢と醤油を「の」の字にひと回し。おつまみやアルコールも用意されているので、サクッとひとり飲みにもぴったりです。コロンとしたフォルムとモチモチの皮、そしてあふれる肉汁をお楽しみください。

3 地元に愛される宇都宮餃子の老舗

惜しまれながら一度閉店し、地元ファンの期待に応えて復活した名店「香蘭」。もちっとした強力粉入りの皮に包まれた餡は、たっぷりのキャベツと玉ねぎで甘みを感じます。焼きと水はもちろん、外はパリパリ、中はもっちりの揚げ餃子も人気。

東武宇都宮駅より徒歩5分。行列ができる名店。生の餃子をパリッと揚げた「揚げ餃子」350円。岩塩がおすすめ

お腹が満たされたら、「宇都宮城址公園」へ。江戸時代中期の宇都宮城本丸の一部が復元されたこの公園には、堀や土塁、2基の櫓などがあるほか、清明館には、歴史展示室も。また、2月下旬から4月中旬にかけて数種類の桜を楽しめるのも魅力。腹ごなしのお散歩にぴったりです。

本丸町にある宇都宮市が整備した都市公園。もともとは御本丸公園。

栃木に来たらコチラも！

「関東・栃木レモン」

レモン牛乳こと、「関東・栃木レモン」は戦後、「関東レモン牛乳」として栃木県民に愛されていました。廃業により一度姿を消しましたが、翌年に復活。高速道路のサービスエリアや各道の駅で見かけたらぜひご賞味あれ。

一泊コース

4 古代遺跡を思わせる平均気温8℃の”未知なる空間“

広さ2万㎡、深さは最大60mという巨大地下空間「大谷資料館」。大谷石の地下採掘場跡であるここは、古代ローマを思わせる幻想的な雰囲気。コンサートやイベント、能楽などの会場にも利用されています。切り出された石は約1000万本という、圧巻の地下空間は必見です。

火山灰や軽石岩片が固まってできた大谷石。軽くて軟らかいので加工がしやすい。フォトジェニックスポットとしてSNSでも話題。人気のロケ地としても名高い

5 宇都宮で”本場中国式“の薬膳餃子をいただく

からだに優しい漢方の香辛料を練り込み、皮から手作りの餃子を提供する「和の中」。皮を自然発酵させて寝かせる本格派。茹でも焼きも一口かじれば、香ばしいスパイスと野菜の旨味が肉汁とともに広がります。また、「石焼おこげチャーハン」や「内モンゴルの岩塩ラーメン」など、本格中華も充実。大谷資料館の帰りに、食事として訪れてはいかが。

薬膳ゆで餃子・焼き餃子ともに1人前385円。テイクアウト用の冷凍餃子(270円)も用意されている

「二荒さん」で親しまれる地元の心のよりどころ。人によって段数が変わると言われている階段を昇りきると、本殿に

6 この神社の存在なしでは宇都宮は成り立たなかった

お正月や七五三などに、多くの人が参拝に訪れる「二荒山神社」。宇都宮はこの神社を中心に、平安・鎌倉時代は門前町として発展、江戸時代には城下町として繁栄しました。近年ではジャパンカップクリテリウムや FIFA 3×3 World Tour などが開催され、国際色豊かな催事も行われています。

7 改札から1分のこだわり餃子で締めくくる

食材のこだわりはさることながら、なんと野菜を洗う水にもこだわる「宇味家」。水は食材の酸化物を取り除くといわれる還元水を、しょうゆは214年の歴史を持つ無添加醤油を。駅構内に店を構えるここで、餃子の旅を締めくくってはいかが。

JR 宇都宮駅ビル グランマルシェ内にあるので、ぎりぎりまで餃子を楽しめる。ジューシーなブランド豚を使用した「焼き餃子」429 円。限定の餃子フライもおすすめ

旅まとめ

❶「餃天堂 シンボルロード店」
栃木県宇都宮市池上町 1-11
☎ 028-689-8518
10:30 ～ 22:00（L.O.21:30）
無休（年末年始は要確認）

❷「宇都宮城址公園」
栃木県宇都宮市本丸町
旭 1 丁目地内
☎ 028-632-2529
9:00 ～ 21:30（清明館・和室）
日曜、祝日の翌日休

❸「香蘭 本店」
栃木県宇都宮市本町 1-24
☎ 028-622-4024
11:30 ～ 20:00
火曜休（祝日の場合は翌日）

❹「大谷資料館」
栃木県宇都宮市大谷町 909
☎ 028-652-1232
4 月～ 11 月：9:00 ～ 17:00（最終入館 16:30）
12 月～ 3 月：9:30 ～ 16:30
（最終入館 16:00）※ 1 月 2、3 日は
10:00 ～ 16:00（最終入館 15：30）
4 月～ 11 月無休
12 月～ 3 月火曜（祝日の場合翌日）、
12 月 26 日～ 1 月 1 日休

❺「和の中」
栃木県宇都宮市駒生町 1296-33
☎ 028-624-7886
ランチ 11:30 ～ 14:30（14:00L.O.）
ディナー 17:30 ～ 21:30（21:00L.O.）
月曜休（祝日の場合は翌日）

❻「二荒山神社」
栃木県宇都宮市馬場通り 1-1-1
☎ 028-622-5271
6:00 ～ 18:00（社務所は 8:30 ～ 16:00）

❼「宇味家 JR 宇都宮駅構内店」
宇都宮市川向町 1-23
宇都宮駅ビルパセオ 2F
☎ 028-600-3572
11:00 ～ 21:30（L.O 21:00）
無休

鋸山登山で運動不足を解消！

コレで発散！
絶景まで歩いて登ってもやもやを消去！

千葉県唯一の鋸山ロープウェーは絶景と日本一の大仏が楽しめる！

千葉県富津市の山麓駅から、鋸南町の山頂駅を結ぶ、鋸山ロープウェー。展望台からは東京湾を一望でき、山頂駅からは日本寺に繋がっています。日本寺の境内には、日本一の大仏や「千五百羅漢」、「百尺観音」、「地獄のぞき」などがあり散策にぴったり。

鋭い岩肌が連なる鋸山の「地獄のぞき」は、突き出た岩の先端から下を見るスリル満点のスポットです。ぜひ日常を忘れに訪れてください。

コース紹介

日帰りコース ◀ 一泊コース

❶ 有名店でアジフライを堪能 ◀
❷ 鋸山ロープウェーで絶景を楽しむ ◀
❸ 地獄のぞきと日本寺に圧倒される ◀
❹ 希少な地魚をお寿司をいただく ◀
❺ マザー牧場で動物と触れ合う

アクセス
◆電車：JR 内房線「浜金谷駅」
◆車：富津館山道路「富津・金谷 IC」

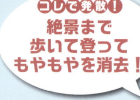

日帰りコース

1 なくなり次第営業終了！まずは絶品アジフライを

黄金色に輝く脂がのった希少な〝黄金アジ〟を使った絶品料理で知られる「さすけ食堂」。開店前から行列し、なくなり次第終了なので、まずはここからスタート！ 漁港直送のふわふわのアジフライは、身が厚くとにかく絶品です。また、栄養素の高い「かじめ海草」を麺に練り込んだ「かじめラーメン」も名物。

名物のアジフライはソース不要！　もちろんお刺身もおすすめ　毎日大行列の人気ぶり。待つ価値ありの名店

2 JR浜金谷駅から徒歩圏内ロープウェーで山頂を目指す

山頂駅までわずか４分で到着。眼下には絶景が広がる
山頂駅には売店や食堂も完備。山頂でのビールは格別

「鋸山ロープウェー」は、富士山を一望でき、〝関東の富士見100景〟にも選ばれています。富士山以外にも、間近に切り立った崖や岩肌や東京湾が一望でき、絶景とともに開放感を味わえます。山頂駅からの山道を進むと、日本寺へ行くことが可能なので、まずは拝観料を支払い、境内マップを手に入れてください。見どころ満載のハイキングの始まりです。

3 日本寺で参拝を済ませたらスリリングな「地獄のぞき」を！

東京ドーム約7個分に相当する「日本寺」で境内マップをゲットしたら、絶対に行きたいスポットが「地獄のぞき」。突き出た岩の上に造られた展望台は崖。そこから下を覗けば、まさに〝地獄〟。スリルと絶景でストレスも吹き飛びます。

山頂の崖からは房総半島や富士山、三浦半島が望める。かつて石切の跡に彫刻された約30mあるご本尊「百尺観音」

地魚にこだわるすし店。地ビール「のこぎり山地ビール」も取り揃えているにぎりや軍艦のほか、お造りやアジフライなどのサイドメニューも充実

4 地魚すしでその時期一番のネタを

「船主総本店」の寿司は、すべて天然もの。シャリは千葉県産「ひとめぼれ」を使用し、海苔や醤油にもこだわる徹底ぶり。季節や日によって地魚の種類が変わるので、〝おすすめ札〟は要チェック。真アジの握りはもちろん、小庄鯛、黒鯛といった地魚や、250g以上ある大きなアジフライ「てっぱつアジフライ」は絶品。都会では味わえない希少な地魚たちに出会えるはず。

房総半島に来たらコチラも！

「のこぎり山バウムクーヘン」

鋸山を訪れたら立ち寄りたい「ザ・フィッシュ」。こちらの「見波亭」では、君津産の卵や、三芳村の牛乳など、地産地消にこだわった厳選素材を使用。おすすめは代表作のバウムクーヘン。お土産にもぴったりの人気商品です。

週末限定でいちごやブルーベリーのジャム作りを体験できる
ガイドと一緒に専用エリアを乗り物でめぐる、牧場体験型アトラクションも人気
黄色やピンク、青などの季節の花が一面に咲き誇る花畑でリフレッシュ

動物と触れ合うだけじゃない！季節の花を愛でながら手作り体験を

一泊コース 5

牛や羊、アルパカなど多くの動物たちが暮らす「マザー牧場」では、「乳牛の手しぼり体験」や「こぶたのレース」などのイベントが毎日開催され、動物たちと触れ合えます。また、広大な敷地一面に咲く菜の花やネモフィラなど、季節の花畑も必見。ほかにもいちごやキウイなどの味覚狩りや牧場グルメ、遊園地まで揃っているので、大満喫間違いなし。グランピング施設に宿泊するのもおすすめです！

旅まとめ

1「さすけ食堂」
千葉県富津市金谷 2193-5
☎ 0439-69-2123
10:00 ～
月・金～日曜休

2「鋸山ロープウェー」
千葉県富津市金谷 4052-1
☎ 0439-69 -2314
9:00 ～ 17:00
（11 月 16 日～2 月 15 日は 16:00 まで）
※1 月中旬からの年検期間と荒天時は運休

3「鋸山 日本寺」
千葉県安房郡鋸南町鋸山
☎ 0470-55-1103
9:00 ～ 16:00 (最終入場 15:00)
無休

4「地魚鮨　船主総本店」
千葉県富津市金谷 2288
☎ 0439-69-2167
平日 11:00 ～ 19:00（18:30L.O.）
土・日・祝日 11:00 ～ 20:00（19:30L.O.）
水曜休

5「マザー牧場」
千葉県富津市田倉 940 － 3
☎ 0439-37-3211
2月～11月　平日　9:30 ～ 16:30、土・日・祝　9:00 ～ 17:00
12 月～1 月　平日　10:00 ～ 16:00、
土・日・祝　9:30 ～ 16:00
無休

「見波亭 金谷本店」
千葉県富津市金谷 2288 ザ・フィッシュ内
☎ 0439-69-8873
9:30 ～ 18:00（土・日・祝日は 9:00 ～）
12・1 月の平日に不定休あり

パワースポットと海鮮グルメでエネルギーチャージ！

コレで発散！
海風を感じる散歩&食べ歩きとパワースポットでのご利益で日常を浄化する

江ノ島のパワースポットでご利益を

関東屈指の観光地「江ノ島」は、海や自然、洞窟などのほか、海鮮やスイーツも楽しめる人気スポット。夕日が美しい、江ノ島の玄関口である江ノ島弁天橋を渡れば仲見世通りでの食べ歩きが待っています。

しかし外せないのは、芸能や金運の向上、災難除けなどにご利益があるといわれるパワースポット「江島神社」。大自然に囲まれたパワースポットと海、そして江ノ島グルメで、身も心も癒されてください！

コース紹介

日帰りコース

❶ 海岸沿いを歩きながら江ノ島を目指す
◀
❷ 仲見世通り入り口で海鮮を食べる
◀
❸ パワースポット「江島神社」へ
◀
❹ 天然の洞窟「江の島岩屋」へ
◀

一泊コース

❺ 江ノ島名物生シラスを食す
◀
❻ 「江の島アイランドスパ」でリラックス
◀
❼ 「新江ノ島水族館」で癒しの仕上げ

アクセス　◆電車：小田急線「片瀬江ノ島駅」・湘南モノレール「湘南江の島駅」より徒歩約15分、江ノ電「江ノ島駅」
◆車：新湘南バイパス「茅ヶ崎海岸インターチェンジ」

日帰りコース1
「江の島弁天橋」で海を眺めながら仲見世通りを目指す

地下道を抜けると現れる龍の門が「江の島弁天橋」の入り口です。江の島の玄関口であるこの橋は389mあり、夕日と富士山がセットで見られる絶景スポットです。入口付近から出る遊覧船に乗れば、反対側まで一気に向かうことも。

1891年に、砂浜と江の島を結ぶ橋として架けられた
© Fujisawa City Tourist Association.

焼きたての海鮮も充実
大胆にシラスが載ったソフトクリームも江の島名物

© Fujisawa City Tourist Association.

2 橋を渡ったら空腹を満たそう

橋を渡り終えるとすぐに出迎えてくれるのが、レトロな商店街「弁財天仲見世通り」。ここには旅館や飲食店、土産物店などが立ち並び、名物のしらすをはじめとする磯料理も満載です。おすすめは焼きたてのイカ焼きや、タレがたっぷりかかったツブ貝の串焼きなど。また、ぜひ食べていただきたいのが「しらすソフト」。バニラの甘味としらすの塩味のバランスが最高です！

3 金運アップ？絶対に寄りたいパワースポット

弁財天仲見世通りを上るとたどり着くのが、日本三大弁財天を祀る「江島神社」。江ノ島で外せないパワースポットで、芸能や金運、災難除けなどにご利益があるとされています。ここは、「辺津宮」「中津宮」「奥津宮」の3社から成り、2019年度に国の重要文化財に指定されました。「江島神社」や展望台には、日本初の屋外エスカレーター「江ノ島エスカー」を利用するのがおすすめ。

4 さらに上がると訪れる大自然が生み出す神秘の洞窟

「江島神社」からさらに上に行くと、岩壁にできた「江の島岩屋」へ着きます。ここは長い時間をかけて波の力が作り上げた天然の洞窟。第一岩屋にずらりと並ぶ千手観音像や蛇の巳像などの石仏を、入り口で渡されるろうそくで探索するのは、非常に神秘的。洞窟を出て海に面した橋を渡ると第二岩屋。ここでは古くから言い伝えられている龍神伝説を知ることができます。

島の最奥部にある海食洞窟。江ノ島伝説が生まれた場所で、富士山と繋がっている場所ともいわれている

祀られている三女神は、奥津宮の「多紀理比賣命」、中津宮の「市寸島比賣命」、辺津宮の「田寸津比賣命」

© Fujisawa City Tourist Association.

一泊コース

5 創業100年を超える 老舗で海鮮丼を堪能

1909年に創業し、江の島の定番料理を提供し続ける「江之島亭」。島の入り口から10分ほど上り店内に入ると、窓からは相模湾を一望できます。目移りするほど豊富なメニューの中でも、サザエの卵とじが載った定番の「江の島丼」のほか、新鮮なネタがたっぷりの海鮮丼は食べ応え抜群。相模湾の魚介と江の島の絶景を満喫できます。

鯵たたき・しらす二色丼（1,650円）。生しらす(季節限定)または釜揚げしらすを選べる

江ノ島に来たらコチラも！

「丸焼きたこせんべい」

いつも大行列の「あさひ本店」。ここのたこせんべいは、鉄板にたこを丸ごと並べ、1tの圧力でプレスします。食べ歩きにぴったりの「丸焼きたこせんべい」は1枚500円。

6 本格スパリゾート "えのすぱ"で 心身のデトックスを

癒しの仕上げは、江の島の入り口にある「江の島アイランドスパ」へ。天然温泉と11種類の多彩なスパプールのほか、トリートメントスパやレストランが充実。1F洞窟エリア「露天泉」からは相模湾と天気が良ければ富士山を望めます。トリートメント「弁天スパ」では心・身体・肌をケア。施術前後は温泉に入ることで相乗効果が。湘南の海岸線を一望できる「アイランドグリル」で、地元食材を使った地中海料理に舌鼓を打つのもおすすめです。

①半屋外の1F「露天泉」は海とつながっているように見える
②「弁天スパ」施術後は専用ラウンジでゆっくりと過ごせる
③眺望良好なレストラン「アイランドグリル」は、コーヒー１杯から利用可能

7 お腹も身体も癒されたら海中の世界で思い出作り

帰りの時間が許すなら〝えのすい〟としておなじみの「新江ノ島水族館」に寄ってみませんか。館内で一番大きな大水槽には、相模湾に生息する2万匹の魚たちの美しい群泳が。また、常時約50種以上のクラゲを観察することができ、さらにペンギンやアザラシなどの姿や、ウミガメがのんびり泳ぐ姿にもお目にかかれます。旅とリラックスの締めくくりにぜひ立ち寄ってください。

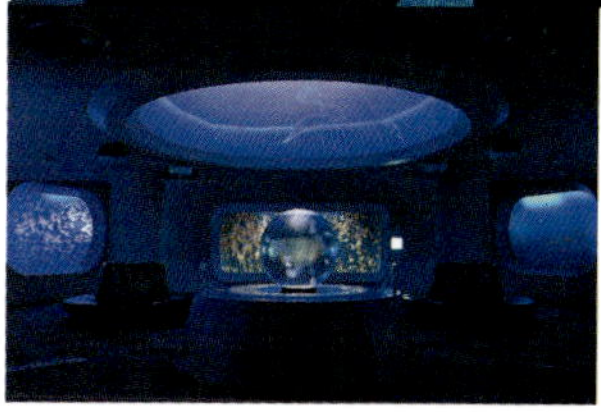

「相模湾大水槽」は、できる限り自然のままの環境に近づけるように絶えず波を発生させている
「クラゲファンタジーホール」は、クラゲの体内をイメージさせる半ドーム式の空間

旅まとめ

①「江の島弁天橋」
神奈川県藤沢市江の島１丁目

②「江の島弁財天仲見世通り」
神奈川県藤沢市江の島１丁目 4-13

③「江島神社」
神奈川県藤沢市江の島 2-3-8
☎ 0466-22-4020

④「江の島岩屋」
神奈川県藤沢市江の島２
☎ 0466-22-4141
（藤沢市観光センター）
9:00-17:00
（季節によって異る）
無休

⑤「江之島亭」
神奈川県藤沢市江の島 2-6-5
☎ 0466-22-9111
平日 10:30 ～ 18:00（17:30L.O.）
土・日曜・祝日 10:30 ～ 19:00（18:30L.O.）
不定休

⑥「江の島アイランドスパ」
神奈川県藤沢市江の島 2-1-6
☎ 0466-29-0688
各施設によって異なる

⑦「新江ノ島水族館」
神奈川県藤沢市片瀬海岸 2-19-1
☎ 0466-29-9960
9:00 ～ 17:00（16:00 最終入場）
※ 12 ～ 2月は 10:00 ～
無休（施設点検による臨時休館あり）

上高地の自然で自分癒しプログラム！

日本屈指の山岳リゾートで運動不足とストレスを解消

手つかずの自然が多く残る「上高地」は大自然の宝庫と呼ばれ、「特別名勝」と「特別天然記念物」に指定されています。この指定区域は自然保護活動が必須。そこで取り組まれているのが、「マイカー規制」です。排気ガスの影響を最小限にとどめることで、美しい環境を保つことができています。

もうひとつの魅力は、道の歩きやすさ。ほぼ平坦で、大正池まで約1時間さらに3時間あれば、田代池などに立ち寄りながら明神池まで足を延ばせます。雄大な穂高連峰を背景に、都会の喧騒を忘れ、日ごろの運動不足の解消にぴったりです。

コース紹介

日帰りコース

1. 松本駅でくるみ蕎麦を
2. 新島々駅からバスで上高地へ
3. 河童橋を目指してハイキング
4. 松本駅に戻って松本城へ

一泊コース

5. "手づくり朝食が人気"のホテルでブッフェ
6. 長野駅からバスで善光寺へ
7. 洋食屋さんで信州産のハンバーグを
8. 戸隠神社

コレで発散！
ストレスの特効薬は大自然ときれいな空気！

アクセス
◆電車：松本電鉄「新島々駅」
◆車：長野自動車道「松本 IC」

日帰りコース 1

信州の大自然で育った蕎麦を信州生まれのくるみダレで

信州そばを伝承する「榑木野」では、練り・伸し・切り・すべての工程を手作業で行います。そばつゆは高品質な削り節をブレンドして長時間熟成させた特製そばがえしと調合。この、だしの香りが引き立つ絶妙なそばつゆと併せて味わいたいのが、濃厚くるみダレ。くるみと胡麻をすりつぶして作ったタレと秘伝のそばつゆで食す「くるみ蕎麦」は長野では外せない逸品です。

長野県産の蕎麦を独自の配合でブレンドした本格手打ち蕎麦専門店。信州はくるみ生産量日本一。くるみと胡麻の濃厚ダレは全国的人気

2 「新島々駅」からバスに揺られて上高地へ

「松本駅」から松本電鉄上高地線に乗り、のどかな田園風景を眺めて約30分で「新島々駅」。さらにバスで1時間進むと目的地「上高地」です。「新島々バスターミナル」にはコインロッカーやトイレが完備。車窓から広がる景色はすでに上高地の自然を思わせる絶景です。

松本電鉄上高地線「新島々駅」併設のバスターミナル。出発の10分前までに着いておこう

3 バスを降りたら大正池へゴールは河童橋

シャトルバスの「大正池」で降り、目の前の階段を下りると、噴火した焼岳の熔岩や泥流によって創り出された「大正池」が。晴れた日は水面に穂高連峰が美しく映し出されます。さらに遊歩道を進むと穂高連峰の全景が現れ、その先には水の透明度が高い田代池、梓川と続きます。そして見えてくるのが今回のゴール地点「河童橋」。バスターミナルから絶景続きの約2時間は、日常のストレスすべてを帳消しにしてくれるでしょう。

北アルプスをバックにした松本城は、黒と白のコントラストが美しい

写真提供：松本城管理課

4 松本に戻ったらライトアップされた国宝に見惚れる

長野県松本市のシンボル「松本城」は、約400年以上もの歴史を持ち、日本に現存する十二天守のうち、五重六階の天守を持つ最古の城。現存十二天守（櫓）の多くが平山城であることに対し、松本城は平城。日本アルプスの山々を背景に、漆黒の天守を水面に映す姿は美しく、全国からファンが訪れます。特に夜のライトアップを撮影すれば"映える"こと間違いなし。また近郊には「なわて通り」「中町商店街」があり、食べ歩きも楽しめます。

上高地に来たらコチラも！
「松本名物 山賊焼き」

鶏モモ肉1枚をニンニクやショウガで味付けた、長野の郷土料理「山賊焼き」はビールのお供にもぴったりの味わい。上高地バスターミナルに隣接し、雄大な穂高連峰を望む「上高地食堂」でも味わえます。早朝から営業しているので、登山客にも人気。

一泊コース

5 宿泊したくなる！ホテルブッフェで手作り朝食を

松本ツーリストホテル内「手づくり食堂ぱんぷきん」は、松本市認定の〝地産地消推進〟のお店。ここでは信州ならではの味をブッフェスタイルで楽しめます。特筆すべきは、地産地消、おふくろの味、脇役が主役の3つ。長野県内で栽培された食材を主に使用し、食卓で並ぶようなおふくろの味を手作りで提供。さらに漬物やジャム、ふりかけなどもホテルオリジナルです。

日替わりの煮物、きんぴら、切干大根、卵の花煮など、家庭的なおふくろの味が満載

6 長野駅からバスで10分 歴史感じるスポットへ！

約1400年前に創建されたといわれる「善光寺」は、1953年に国宝に指定されました。ここは日本最古の仏像といわれる「一光三尊阿弥陀如来」を本尊とする寺院で、年間約600万人を超す参拝者が訪れます。国宝にも指定されている本堂は必見で、境内入口から本堂までは、7777枚もの石畳が。仲見世通りで長野名物のおやきやそばなどを楽しみながら、歴史を感じてください。

昔から「一生に一度は参れ善光寺」といわれる、東日本最大級の木造建築。バス停から続く広くて気持ちの良い参道

© 善光寺

7 ランチはしっかり信州特選ポークをいただく

善光寺近く、「ぱてぃお大門」にある「もりたろう」は、北信濃の食材を使ったこだわりの手作り料理と、蔵造りの落ち着いた雰囲気が自慢です。メニューは奥信濃の食材にこだわったピザやパスタ、ハンバーグなど。人気は特産ポークの旨味が詰まった脂と香り高いオリーブオイルがマッチした「信州特選ポーク香草ステーキ」です。信州の美味を堪能して、午後の散策に備えてください。

肉のうま味たっぷりの特選ポークを使用した、一番人気の「信州特選ポーク香草ステーキ」。善光寺のお膝元「ぱてぃお大門」にある、隠れ家的レストラン

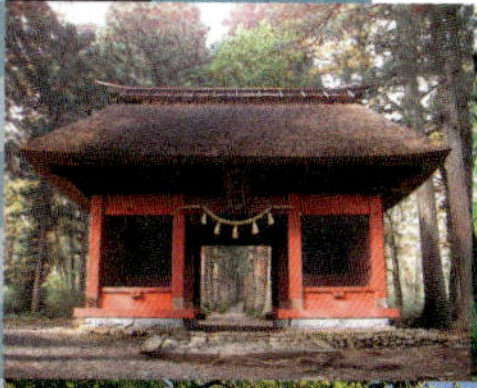

奥社への参道のほぼ中間地点。随神を祀る「随神門」。随神門から約500m続く杉並木。この参道を含む戸隠神社奥社は長野県の史跡・天然記念物に指定。地主神として、水と豊作の大神の九頭龍大神を祀る「九頭龍社」

8 大杉の生命力を感じながら創建二千年の神社を訪ねる

奥社、中社、宝光社、九頭龍社、火之御子社の五社からなる「戸隠神社」。鳥居をくぐり、一直線の道をひたすら歩くと、赤い随神門が現れます。門を抜けると圧巻の杉並木がお出迎え。樹齢400年以上のクマスギが、右に150本、左に130本並ぶ並木道をさらに進むと、九頭龍社と戸隠神社の御本社である奥社に到着します。帰りは高原バニラソフトクリームのご褒美も待っているので、ぜひ達成感を味わいに訪れてください！

旅まとめ

1 「榑木野 松本駅舎店」
長野県松本市深志 1-1-1 MIDORI 松本店 1F
☎ 0263-38-0803
10:00 ～ 21:00（20:30L.O.）
不定休

2 「新島々駅」
長野県松本市波田 3027-2
☎ 0263-92-2511

3 「上高地インフォメーションセンター」
☎ 0263-95-2433
8：00 ～ 17：00
4 月下旬～ 11 月 15 日休

4 「国宝 松本城」
長野県松本市丸の内 4-1
☎ 0263-32-2902
8:30 ～ 17:00（最終入場 16:30）
無休（年末を除く）

● 「上高地食堂」
長野県松本市安曇上高地
☎ 0263-95-2039
6:30 ～ 14:30
（季節によって変動あり）
開山 4 月 17 日～閉山 11 月 15 日
シーズン期間無休

5 「手づくり食堂 ぱんぷきん」
長野県松本市深志 2 丁目 4-24
☎ 0263-33-9000
（松本ツーリストホテル）
17:30 ～ 22:00（21:30L.O.）
日曜・隔週月曜休

6 「善光寺」
長野県長野市大字長野元善町 491- イ
☎ 026-234-3591
（9:00 ～ 16:30）

7 「西洋料理 もりたろう」
長野市東町 125-3
（ぱてぃお大門内）
☎ 026-237-3939
ランチ：11:00 ～ 14:30
ディナー：17:30 ～ 20:30
月曜休（祝日の場合は火曜）

8 「戸隠神社」
長野市戸隠 3506
☎ 026-254-2001
9:00 ～ 17:00
無休

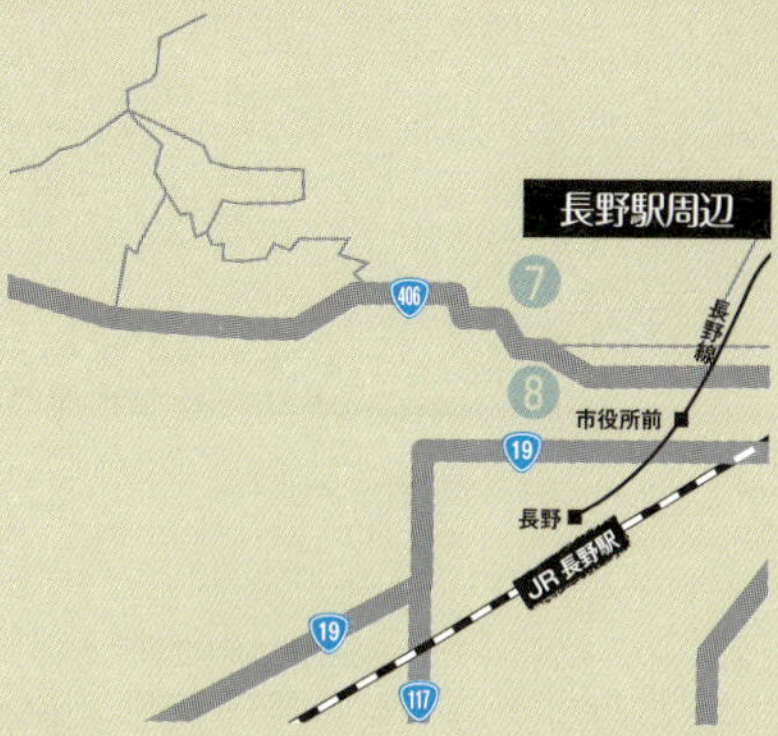

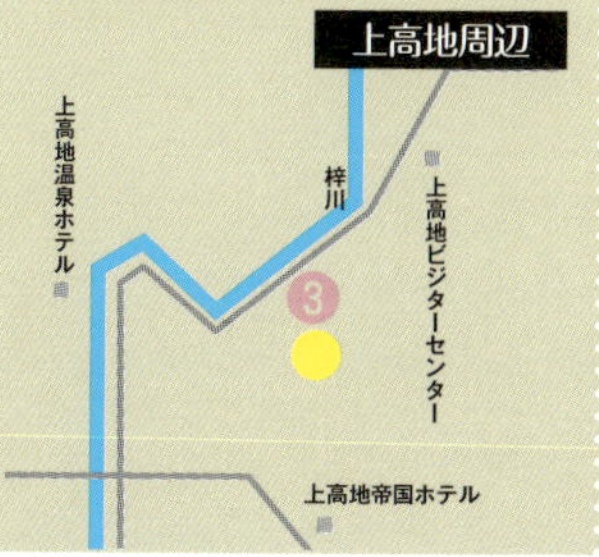

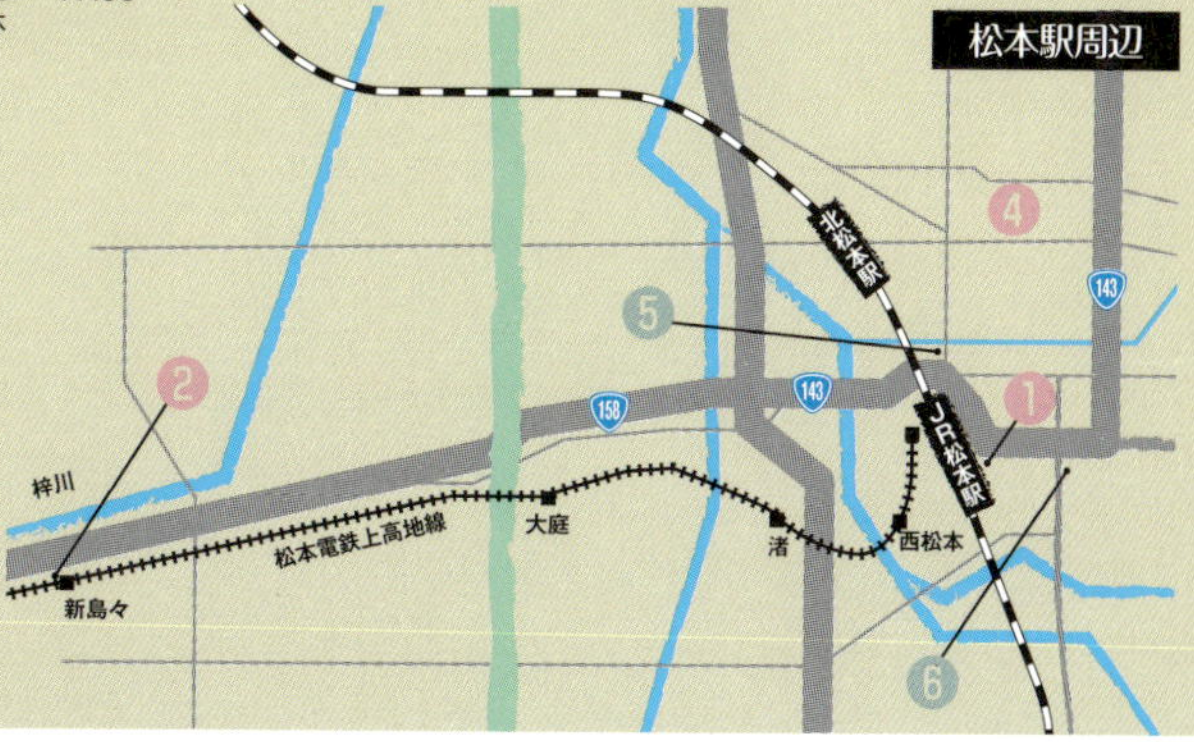

温泉も湯もみショーも体験！湯けむりに包まれながら草津をめぐる

コレで発散！

自然に囲まれた温泉街で温泉に足湯、食べ歩きで癒される

天下の名湯「草津温泉」で温泉街ならではの休日を満喫

日本三名泉の一つである「草津温泉」。シンボルは有名な湯畑で、毎分約4000ℓの温泉が湧き出し、常に湯けむりを舞い上げています。

草津温泉の自然湧出量はなんと、1日にドラム缶約23万本分！ 旅館や温泉施設で源泉をかけ流せるのは日本一の湧出量があるからこそ。

湯畑周辺は、瓦を敷きつめた歩道や「白根山ベンチ」など、湯上がり散歩にぴったりの公園になっています。足湯や湯もみショーで温泉街ならではの過ごし方をお楽しみください。

コース紹介

日帰りコース

1. 湯畑を眺めて「まいたけ天ざるそば」を
2. 日帰り湯＆浴衣で温泉街を満喫
3. 温泉饅頭と焼き鳥で食べ歩き
4. 名物"湯もみショー"を楽しむ

一泊コース

5. 鶏肉ゴロゴロの釜めしで夕食
6. 公園散策＆足湯でリラックス
7. 野菜たっぷりハンバーグでランチ
8. 白根神社で参拝
9. キュートなスイーツで女子活

アクセス

◆電車：JR吾妻線「長野原草津口駅」

◆車：上信越自動車道「碓氷軽井沢IC」または、関越自動車道「渋川伊香保IC」

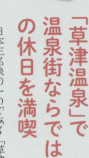

日帰りコース

1 蕎麦湯も自慢！ コシのある細目の手打ち蕎麦

ガラス越しに蕎麦打ちの様子が見られる。人気は舞茸天ぷらとお蕎麦のセット。蕎麦は二八や一九、十割から選べる

湯畑から数分、店主の蕎麦打ちが見られる奥信濃産手打九割蕎麦のお店。限定10食の、十割、九割、八割の食べ比べセットや、秋には自家栽培の霧下蕎麦が味わえます。中でも人気は、カラッと揚げた舞茸天ぷら。香り高いかつお出汁のつゆに、鉄瓶に入ったトロトロ濃厚の蕎麦湯は甘くて絶品。行列の絶えない、蕎麦通に人気の一軒です。

2 日帰り湯を楽しんだら浴衣に着替えて草津散策

空腹を満たしたら、早速温泉へ。草津のシンボル湯畑に再建した「御座之湯」には「木之湯」「石之湯」二つの浴室があり、それぞれに二種類の源泉を使用。入浴後はぜひ洗い流さず、最良の効能を保ってください。また、外出用の浴衣のレンタルもしているので、風情ある街並みを、お気に入りの浴衣で散策してみては？

江戸～明治の建物を再現した外観。当時の草津の温泉文化を味わえる構造にこだわっている

3 売り切れ前に絶対食べたい名物焼き鳥は必食！

開店と同時に行列が出来る「やきとり静」は、草津温泉グルメの代表的名所。ボリュームがあり、焼き加減も絶妙で、人気メニューは即完売の可能性も。ジューシーな焼き鳥にぴったりなアルコール類も販売しているので、食べ歩きアイテムには最高です！

代表者２名までが並ぶシステムなので、同行者はベンチや足湯で待つのがおすすめ

4 旅のクライマックスは伝統「湯もみと踊り」ショー

草津温泉の源泉は熱く、約50℃近いものがほとんど。しかし水で冷ましてしまっては、効能が薄れてしまいます。そこで、熱い源泉の中に板を入れて湯をもみ、入浴できるまでの温度に下げる「湯もみ」が考え出されました。"チョイナチョイナ"の掛け声を響かせながら行われる「湯もみと踊り」ショーは、１９６０年から始まり、今でも伝統として草津に残されています。

大正ロマン風の建物が印象的な「熱乃湯」は、２階建ての吹き抜けで、木の香りが漂う

草津温泉に来たらコチラも！
「温泉まんじゅう」

温泉街の定番はやはり「温泉まんじゅう」。ここ草津にもさまざまな店舗がありますが、おすすめは「亀屋」の茶まんじゅう。みずみずしい粒あんと黒糖の香りがリピーターに大人気です。ぜひできたてを。

5 〆は地産地消にこだわる釜めし専門店で

「いいやま亭」は注文を受けてから草津の水で米を研ぎ、ひと釜ずつ丁寧に炊き上げてくれます。赤城鶏を使った「地鶏釜めし」、六合産まいたけを使った「まいたけ釜めし」、具が8種類入った五目釜めしがおすすめで、地元特産の花いんげん豆を使った「花いんげん釜めし」はほかでは味わえない名物です。

鶏肉がふんだんに炊き込まれた「地鶏釜めし」。釜底のおこげも絶品

一泊コース

6 温泉が流れる川で足湯も朝風呂後の散歩も楽しむ

秋は紅葉が、夜は公園内のライトアップも美しい

温泉街の「湯畑」から徒歩15分、草津温泉の最西端にあることから命名された「西の河原公園」。付近一帯は上信越高原国立公園の特別地域に指定され、一番奥には大露天風呂も。広い河原のいたるところで湧き出す源泉が湯の川となって流れ出し、滝や池を作っています。もちろん足湯も楽しめるので、美しい景色とともに癒されてください。

7 地元でも愛される本格西洋料理の人気店

「西の河原公園」の帰りに寄りたい、地元リピーターも多い西洋料理店。ここ「どんぐり」のデミグラスソースは2日間じっくり煮込んだもの。おすすめはこの特製ソースとたっぷりの野菜が味わえる「どんぐり風ハンバーグ」。ほかにもパスタやカレーなど、定番の洋食メニューも豊富にそろいます。木のぬくもりを感じる店内とオープンキッチンが心地よい一軒です。

ライスなしでもお腹いっぱいになるほどボリューミーな「どんぐり風ハンバーグ」1,400円

湯畑から徒歩３分程度。階段を上ると立派な境内が現れる

8 散歩とランチのあとは草津を見下ろす神社へ

温泉街を見下ろす高台に鎮座する「白根神社」。火山である白根山を祀る神社で、元は白根山上に鎮座していました。静かな佇まいでありながら境内が広く心地よい神社です。4月下旬から5月上旬かけて〝アズマシャクナゲ〟が見頃。書き込み自由の大きな祈願絵馬にお願いごとをして、旅を締めくくりましょう。

9 〝よい旅を〟という意味が込められた喫茶店でほっこり

「ぐーてらいぜ」とは、ドイツ語で「よい旅を」。まさに旅の小休止にぴったりの喫茶店です。草津最古のお宿「日新館」の風呂場の構築をそのまま残したここは、太い梁や湯気抜きの天窓が当時の面影を残し、風情があります。コーヒーは注文を受けてから豆を挽くこだわりぶり。自家製ケーキも美味しいと大好評です。

「ゴルゴンゾーラとはちみつのチーズケーキ」。ケーキセットは1,100円、コーヒー600円～のほか、ハーブティーや抹茶なども提供

旅まとめ

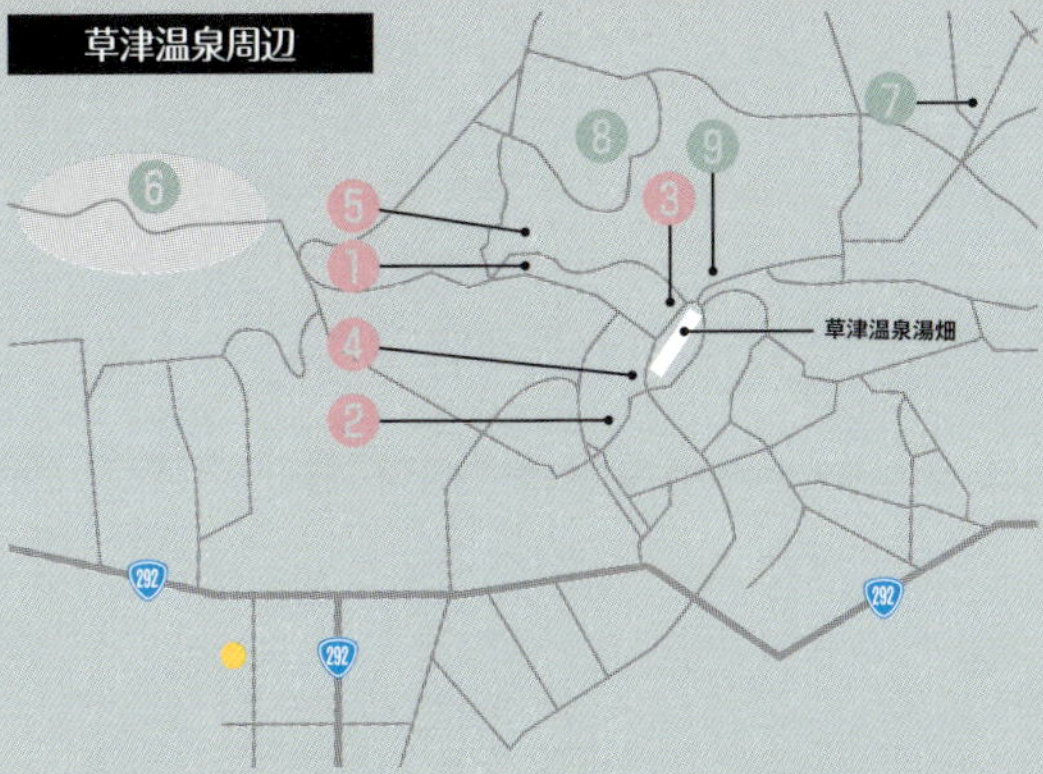

①「やすらぎ亭」
群馬県吾妻郡草津町草津 389
☎ 0279-88-2121
10:30 ～ 19:30
無休（蕎麦の種まき及び収穫時期を除く）

②「御座之湯」
群馬県吾妻郡草津町大字草津 421
☎ 0279-88-9000
4/1 ～ 11/30 7:00 ～ 21:00
（最終入館 20:30）
12/1 ～ 3/31 8:00 ～ 21:00
（最終入館は 20:30）
無休

③「やきとり 静」
群馬県吾妻郡草津町大字草津 396
☎ 0279-88-2364
15:30 ～ 20:00
（外売は売り切れ次第終了）
水曜休

④「熱乃湯」
群馬県吾妻郡草津町大字草津 414
☎ 0279-88-3613
公演・イベントカレンダーで
確認ください

⑤「いいやま亭」
群馬県吾妻郡草津町草津 386-2
11:00 ～（売り切れ次第終了）
不定休

⑥「西の河原公園」
群馬県吾妻郡草津町草津

⑦「西洋料理　どんぐり」
群馬県吾妻郡草津町 562-16
☎ 0279-88-7222
ランチ 11:30 ～ 14:30
水曜休

⑧「白根神社」
群馬県吾妻郡草津町草津温泉 538
☎ 0279-88-3768

⑨「茶房ぐーてらいぜ」
群馬県吾妻郡草津町草津温泉 368
☎ 0279-88-6888
9:30 ～ 16:30（16:00L.O.）
火曜休

●「亀屋」
群馬県吾妻郡草津町草津 462
☎ 0279-88-5304
8:30 ～ 17:00（無くなり次第終了）
不定休

米どころで日本酒三昧！新潟～越後湯沢の旅

コレで発散！
美酒を飲んで美食を堪能！新潟の贅を極めた休日

おいしい米や水から生まれる新潟の美味の数々

新潟県は気候や地形などが米づくりに適していることから、「コシヒカリ」を代表とする米が有名。また、酒蔵の数は日本一で、軽快で淡麗と表現される日本酒は海外でも人気です。さらにおいしい酒造りに欠かすことのできない「水」。越後の山々から流れ出た軟水がお酒をやわらかく、まろやかにしてくれています。

融雪が土とともに流れ込む日本海で獲れる脂がのった魚やカニ、布海苔をつなぎに使った「へぎそば」も有名。おいしいもの満載の新潟を満喫してください。

コース紹介

日帰りコース

1. 新潟全酒蔵の代表銘柄を唎酒
2. 途中下車してソウルフード「タレかつ丼」を
3. バスで日本海側最大級の水族館へ
4. 佐渡沖鮮魚とふっくらごはん

一泊コース

5. "みなとのマルシェ"で朝食
6. 人気寿司店の味を立ち食いで！
7. 越後湯沢の「へぎ蕎麦」へ
8. 天然温泉で日帰り湯
9. 唎酒で旅を締めくくる

アクセス
◆電車：JR「新潟駅」
◆車：新潟バイパス「紫竹山IC」、「桜木IC」

日帰りコース ①

銘酒からおにぎりまで新潟の美味すべてが揃う！

お酒を使ったお菓子や調味料、蕎麦、干物、南魚沼産コシヒカリなど、新潟の名産品を取り揃えた「ぽんしゅ館」。ここには新潟の酒蔵をすべて集めた「唎酒番所」が併設されています。500円と引き換えに貸出おちょことコインを受け取り、ズラリと並んだ唎酒マシンから地酒を選べます。日本酒を気軽に楽しめる角打ちもあるので、新潟の地酒を存分に堪能できます。

県内にある全蔵の酒を試飲できる楽しさに加え、日本酒の魅力を体験できる

② お酒や魚介類だけじゃないソウルフードは外せない！

国産豚モモ肉を使用したカツが５枚載った「かつ丼」1,670円。カツは３・４・５・７枚から選べる

新潟のご当地グルメといえば、揚げたてのカツを甘辛い醤油ダレにくぐらせた「タレかつ丼」。数ある店から選んだのは、創業から90余年の「とんかつ太郎」です。タレかつ丼発祥のここの揚げ油は、100％ピュアラードで体に優しく、サクサク。秘伝ダレに揚げたてをくぐらせてコシヒカリに載せれば完成です。お腹の減り具合でカツの枚数が選べるのもいうれしい配慮です。

③ 魅力あふれる新潟の自然に目を向ける

新潟駅からバスで20分。展示生物が600種２万点という総合水族館「新潟市水族館マリンピア日本海」へ。ここでは10のゾーンに分けられて展示されています。ゾーン①ではサンゴ礁やマングローブ、干潟などの海辺環境を再現。続いて②では大水槽で日本海に生息する魚類、④では信濃川がテーマなど。ほかにも「ドルフィンスタジアム」やトドやアザラシを観察する「マリンサファリ」など、大充実。①~⑩をたどりながらストーリー性のある水族館体験を。

水と関わりのあるさまざまな生物の展示を通して、新潟県のすばらしさを知ることができる

④ こだわりの佐渡沖の鮮魚と釜土炊きごはん

佐渡沖直送鮮魚を中心に、その日水揚げされた鮮魚を活かした料理を提供する「葱ぼうず」。釜戸炊き銅鍋御飯は、雪蔵仕込氷温熟成佐渡産コシヒカリ、水は麒麟山酒造仕込み水「山水」を使用するこだわり。伝統工芸「鎚起銅器」の銅鍋でふっくらと炊き上げます。佐渡沖を代表するのど黒や南蛮海老とともにお楽しみください。

店内は酒蔵のような雰囲気。スタッフも気さくなのでおひとり様でも気兼ねなく入れる

一泊コース 5

新潟の"おいしい"が一堂に！旬鮮市場から1日を始める

新潟の海産物や野菜、お肉、お酒が詰め込まれた「ピアBandai」。希少なブランド枝豆やシャインマスカットに桃。さらに「越乃黄金豚」や幻の牛「佐渡牛」など畜産品も勢ぞろい。もちろん魚介類も豊富で、炭火で焼く浜焼きも人気です。「ピーカンテラス」では4月から10月までBBQも開催しています。

物販店と食事処をあわせて15店舗が集まる市場。新鮮な魚や貝は週末のみ浜焼きで楽しめる（4～11月）

新潟に来たらコチラも！

「湯澤るうろ」

「HATAGO 井仙」1階のカフェで限定販売されているコシヒカリの米粉を使用したロールケーキ。甘さ控えめな生クリームと、たっぷりのメレンゲを混ぜこんだふわふわの生地が大好評です。持ち上げただけで崩れそうに柔らかいこのロールケーキはすべて手作り。（予約不可）

6

佐渡本店の味をそのままに目の前で握りたてを！

"安くて旨い"がモットーの「弁慶」。新鮮な地魚を美味しい佐渡米で握る佐渡本店のこだわりを、「ピア万代」内で味わえます。人気店につき、おすすめは別館の立ち食い。身の締まったアジや春の鯛、夏のマグロ、秋のノドグロ、冬の寒ブリなどの新鮮なネタを、目の前で握ってくれます。本館にはない約20種類の地酒ワンカップや季節の地酒も揃っているので、極上の寿司とともに至福の時を。

「本まぐろ 大トロ」770円と「かわはぎ肝のせ」220円

7

そのまま帰るのはもったいない越後湯沢でへぎそばを

新潟から越後湯沢へ移動し、新潟の郷土料理「へぎそば」を。つなぎに布海苔を使用したこの蕎麦は、ツルツルとした食感と強いコシが特徴です。「へぎ」は、杉材や欅材で作られた長方形のそばを盛る器の事。「中野屋」では、そば粉づくりに最適な環境でそばの実をじっくりと石臼で挽き、そばの香りが飛ぶ前に布海苔でつないで一気に茹であげます。できたてのこだわり蕎麦をぜひ。

うどんも提供しているへぎそば専門店。「へぎそば」2,000円～

日帰り湯は貸切温泉入浴 13:00 から 45 分間（要予約）1,000 円

8 新潟はお湯も有名 旅の疲れを日帰り湯で

美肌効果のある弱アルカリ性塩化物泉が日帰りで楽しめる「滝乃湯」。壮大な越後湯沢の景観も自慢のここは、加温・加水せず源泉をそのまま引湯した天然温泉です。檜の香りが心地良い貸切風呂や大浴場、半露天風呂が用意されています。13時から17時までの日帰り入浴のほか、部屋食や貸切風呂利用特典などが付いた、宿泊プランもおすすめ。持続するつるつるのお肌がお土産となるでしょう。

9 旅の締めくくりも 新潟が誇る日本酒で

新潟駅の「ぽんしゅ館」は越後湯沢駅にも。システムは同じですが、コインは別なので要注意です。またこちらの店舗にある「糀らって」では、新陳代謝を活発にするといわれる甘酒を使ったソフトクリーム、ドリンクを用意。糀文化の国越後ならではの商品ラインナップです。全品テイクアウトが可能なので、帰りの新幹線などでゆっくり味わえます。

「糀ラテ」390 円〜や「糀ラテフロート」620 円〜など、オリジナルの糀ドリンクやソフトクリームが豊富にラインナップ

旅まとめ

1「ぽんしゅ館　新潟驛店」
新潟市中央区花園 1-96-47
CoCoLo 新潟メッツ館
☎ 025-240-7090
唎酒番所 9:30 ～ 20:30
（最終受付 20:15）
駅ビルに準ずる

2「とんかつ太郎 古町本店」
新潟市中央区古町通 6-973
☎ 025-222-0097
ランチ　11:30 ～ 14:30
ディナー　17:00 ～ 20:00
水・木曜休

3「新潟市水族館マリンピア日本海」
新潟市中央区西船見町 5932-445
☎ 025-222-7500
9:00 ～ 17:00（券売は 16:30 まで）
12 月 29 日～ 1 月 1 日、
3 月の第 1 木曜日とその翌日休

4「葱ぼうず」
新潟市中央区笹口 1-10-1
☎ 025-240-6363
17:00 ～ 0:00
日曜休

5「みなとのマルシェ ピア Bandai」
新潟市中央区万代島 2
☎ 025-249-2560
9:00 ～ 21:00
（店舗によって異なる）
無休（店舗によって異なる）

6「別館立ち食い 弁慶」
新潟市中央区万代島 2
（ピア Bandai 内）
☎ 025-282-7740
平日 10:30 ～ 15:00、
17:00 ～ 21:00
土・日・祝日 10:30 ～ 21:00
火曜休

7「中野屋 湯沢本店」
新潟県南魚沼郡湯沢町湯沢 2-1-5
☎ 025-784-3720
11:00 ～ 20:00
木曜休

8「和みのお宿　滝乃湯」
新潟県南魚沼郡湯沢町湯沢 345-1
☎ 025-784-3421
平日 13:00 ～ 18:00
(受付 17:00 まで)
土・日・祝日 13:00 ～ 16:00
(受付 15:00 まで)
※毎時 1 時間の事前予約制
無休

9「ぽんしゅ館　越後湯沢驛店」
新潟県南魚沼郡湯沢町湯沢 2427-3
CoCoLo 湯沢
☎ 025-784-3758
唎酒番所 9:30 ～ 19:00
（最終受付 18:45）
※延長営業については要問合せ
駅ビルに準ずる

●「温泉珈琲 水屋」
新潟県南魚沼郡湯沢町湯沢
2455 HATAGO 井仙内
☎ 025-784-3361
9:00 ～ 18:00（17:30L.O.）
不定休

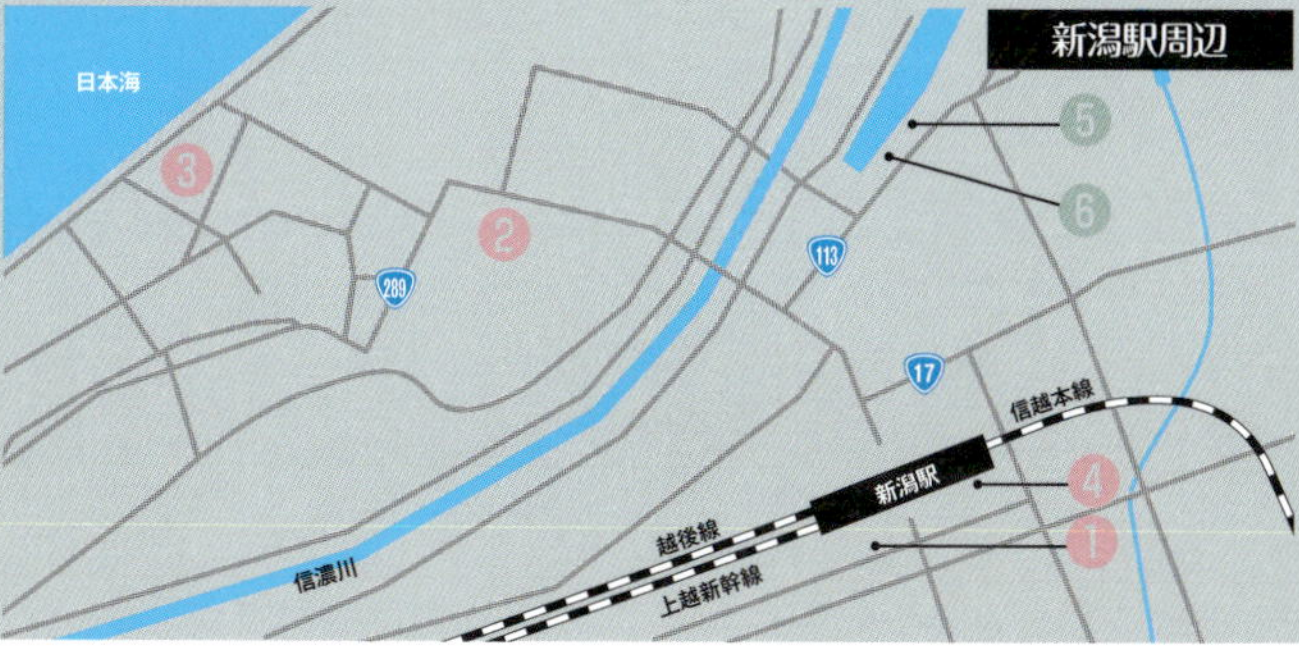

会社から直行！贅沢0.5泊旅はビジホが便利！

コレで発散！
1秒でも早く会社を出る！寝てすぐに旅が始まる贅沢半泊で即！現実逃避

歴史と美味そして温泉 前泊すれば1日たっぷり楽しめる

山梨県・甲府市といえば、ワインやフルーツをイメージする人が多いのではないでしょうか。しかし最も有名な人物が武田信玄であることも忘れてはいけません。武田信玄公を祀る武田神社や同氏が建立した甲斐善光寺などが点在しています。

そしてソウルフードと言えば、「ほうとう」。B級グルメとしては「甲府鳥もつ煮」です。さらに1200年前に弘法大師が開湯したと伝わる湯村温泉は今でも毎分1トンにも及ぶ高温泉が湧出しています。

コース紹介

0.5泊コース

① チェックインしたら天然温泉へ
② 無料サービスをすべていただく
③ 寝て起きたらすぐに豪華朝食！
④ バスで武田神社へ
⑤ 東日本最大級の木造建築物「甲斐 善光寺」へ

アクセス
◆電車：JR 中央本線「甲府駅」
◆車：中央自動車道「甲府昭和 IC」

0.5泊コース

1 週の終わりは名湯からビジホ利用で有意義に

仕事を終えたらすぐに電車に乗り、甲府駅から徒歩約1分の「ドーミーイン甲府」へ。ここは山梨県甲府市の欽明温泉から運ばれる天然温泉が自慢です。また、テレビ付き高温ドライサウナと水風呂も完備。入浴後には「あったらいいな」をかなえる無料サービスが待っています！

天然温泉の内湯と露天風呂が用意されている。朝風呂で眺める富士山は絶景

2 痒い所に手が届く無料サービスをフル活用

「ドーミーイン」では、日々疲れているゲストが「あったらいいな」と思うことを追求しています。例えば「ウェルカムドリンク」はもちろん、湯上がりに用意されている、「湯上がりアイス」や「乳酸菌ドリンク」。さらに「夜鳴きそば」も無料。特製のあっさりした醤油ラーメンで夜食まで楽しめる心遣い。時間がなくても事前に食事を用意できなくても安心です。

毎日 21：30 ～ 23：00 に提供される、大好評の「夜鳴きそば」

朝食は宿泊者限定 1,800 円（6：30 ～ 9：30）

3 手作り小鉢がずらり！健康的な朝食でスタート

朝起きたらまずは朝風呂、そしてホテルの楽しみといえば、朝食です。ドーミーインの朝食のコンセプトは〝免疫力UP！〟。和洋バイキング、小鉢横丁と出来たての卵料理に加え、各棟地域ごとの特色を出した「ご当地逸品料理」を提供しています。「ドーミーイン甲府」では郷土料理の「ほうとう」はもちろん、栄養バランスのとれた小鉢も多数。日ごろ摂れない栄養を補ってください。

4 武田信玄公を祀る勝運アップの神社へ

駅からバスで約10分。甲斐の虎・武田信玄公を祀る「武田神社」は、1919年に創建されました。境内には当時をしのばせる堀や土塁、御神水が湧き出る「姫の井戸」や、金運を招くと伝わる「三葉の松」などがあります。宝物殿には、武田家ゆかりの鎧や太刀などが展示。神社の前には老舗のお土産店もあるので、グッズやスイーツ選びも楽しめます。

3 月下旬からは桜、11 月中旬からは紅葉が見ごろ

5 〝文化財の宝庫〟といわれる名刹で信玄公を知る

武田氏の滅亡以後も徳川家康らの手厚い保護を受けてきた

武田信玄公によって創建された甲斐の名高い寺「甲斐 善光寺」。本堂と山門は国の重要文化財に指定され、本堂は東日本最大級の木造建築物。金堂中陣天井には巨大な龍が二匹描かれ、手をたたくと響く「鳴き龍」は日本一の規模と言われています。

甲府に来たらコチラも！

「桔梗信玄ソフト＋」

信玄ミュージアム内の「蕎麦・カフェ由布姫」で購入できる、桔梗信玄餅で名高い老舗「桔梗屋」の「桔梗信玄ソフト＋」570 円。きな粉と黒蜜、桔梗信玄餅たっぷりの桔梗信玄ソフトに、桔梗信玄棒をプラス。

旅まとめ

①②③「天然温泉 甲斐路の湯 ドーミーイン甲府」
山梨県甲府市中央 1-14-3
055-226-5489
チェックイン 15:00
チェックアウト 11:00

④「武田神社」
山梨県甲府市古府中町 2611
055-252-2609

⑤「甲斐善光寺」
山梨県甲府市善光寺 3-36-1
055-233-7570
9:00 ～ 16:30
無休

中部地方

静岡 熱海 P.42

・仕入れの搬送方法からこだわる
新鮮なネタを堪能
・日本一短い空中散歩　3分で絶景へ！
・触っても撮ってもOK！
〝だまし絵〟テーマパーク
・老舗ラーメン店で食す
絶品オムライス
・早朝も昼も夜も美しい！
南国リゾート感あふれるビーチ
・予約不要の高速船フェリーで
30分の船旅へ！
・食べる分だけ獲って水槽に！
真の地産地消グルメ
・360度のパノラマが広がる
漁船の「道しるべ」
・まるで気分は海外！
離島リゾートで時を忘れる
・熱海に戻ったら寄りたい神秘の源泉

愛知 名古屋 P.46

・駅のホームから名古屋を感じる〝駅きしめん〟
・徳川の威信をかけて築かれた特別史跡名古屋城
・喫茶店文化をけん引する名店のエビフライサンドを
・信長も参拝！　草薙神剣を祀る「熱田神宮」
・すっかりおなじみのソウルフード
〝元祖台湾ラーメン〟
・世界の海の見どころ満載！
日本初の取り組みも多彩
・「特大海老ふりゃ〜」日本最大級の35cm！

富山 黒部／高岡 P.50

・開湯100年を迎えた随一の温泉郷へ
・トロッコに揺られ大峡谷の旅に出る！
・たぬきが目印　おでんでホッと温まる
・美肌に効果大のお湯で
〝つべつべ〟肌を手に入れる
・富山の美味満載！　名物寿司を駅で食す
・富山のご当地グルメ〝真っ黒〟なラーメンを
・江戸初期の〝禅宗寺院建築の傑作〟
圧巻の国宝「瑞龍寺」
・岩瑚と白い砂浜　万葉集で詠まれた景勝地
・刺身でも天丼でも！　駅で本物の白えびをいただく

石川
金沢
P.54

・プロの料理人も通う市場で美味を食べつくす
・藩政時代の武士が住んでいた情緒ある小路
・金沢を美しく照らす重要文化財の神門は必見
・金沢らしさが詰め込まれた伝統的な街並みを巡る
・実はおでんも名物"優しい"ソウルフードで締める
・四季の加賀料理をいただける明治創業の老舗
・見て、触れて、感じる現代アート美術館
・加賀百万石の文化を映す歴史的文化遺産
・城下町のシンボルで歴史を感じながら散策
・食通に愛される行列必至の寿司を並ばずに堪能！

福井
坂井
P.58

・日本人の味覚に合わせたドイツ仕込みのソースが決め手
・世界3大恐竜博物館と称される
博物館が2023年リニューアルオープン
・樹齢700年の老杉に囲まれた荘厳な禅道場
・福井駅から徒歩1分！　新鮮な日本海の幸を
・代表的ソウルフード「越前そば」を老舗でいただく
・西欧レトロの外観と豪華な内観で富豪気分！
・世界的に珍しい柱状節理
圧巻の断崖は「世界三大絶勝」
・食べ歩き・お買い物・リラックス
東尋坊は楽しみ方もたくさん！
・2時間は確保したいアトラクションや
ふれあい体験を！

岐阜
下呂温泉
P.62

・静かなたたずまいに心休まる臨済宗妙心寺派の寺院
・温泉旅館が提供する美味を食べ歩きで楽しむ
・美肌の湯として名高い日本三名泉を日帰りで楽しむ
・老舗精肉店直営の肉寿司を下呂麦酒と一緒に
・温泉と食べ歩きのあとは
せせらぎを聞きながらお散歩
・一泊旅の醍醐味は贅沢な朝食ブッフェ
・駅からすぐに白川郷へ⁉　下呂の自然に囲まれた里

三重
伊勢志摩
P.66

・参拝の心得を知って日々の暮らしに感謝する
・内宮参拝前に「おかげ横丁」で食べ歩き
・鳥羽産カキフライを食べながら内宮へ向かう
・参拝すること自体が吉
日本人の氏神様が祀られる「内宮」へ
・高級和牛を郷土料理
手こね寿司スタイルでいただく
・"美(うま)し国"伊勢の銘品あわびを持ち帰る
・外宮正門の名店で至福の朝かゆをいただく
・ジュゴンやラッコ
伊勢湾に住む生きものに出会える！
・伊勢志摩の美しい海が生んだ世界で愛される真珠
・食べて遊んでくつろげる！
スペインの街並みを忠実に再現

都心からすぐに海と絶景に出会う! 美味&リゾートも満喫

グルメはもちろん アート体験や レジャーも満載

コレで発散!
仲見世で食べて絶景を眺めアートを楽しみまた食べる! 楽しいが詰まった魅惑の街

全国から観光客が訪れる熱海は、温泉以外にもグルメや歴史的建造物、リゾートなどさまざまな楽しみ方ができるのが魅力です。

まずは駅前の足湯で一息つき、リゾート感あふれる「熱海サンビーチ」で海水浴や散策を楽しむのもおすすめ。

また、絶景を楽しむならロープウェイ。山頂からは市街を一望でき、恋人たちが訪れる岬で絵馬も残せます。「トリックアート迷宮館」や美術館など、アート施設も充実。そしてなにより、東京からもっとも近い離島「初島」はぜひ立ち寄りたいスポット。ダイビングや釣りなどのほか、灯台や神社などの見どころも満載。

〝楽しい〟がぎゅっと詰まった熱海をぜひ次回の旅の予定に!

コース紹介

日帰りコース

1. 仲見世で海鮮丼をいただく
2. ロープウェイで絶景に出会う
3. トリックアートの不思議な世界へ
4. レトロな銀座商店街でオムライス
5. サンビーチで黄昏る

一泊コース

6. フェリーで離島へ
7. 食堂街で朝獲れ海鮮丼をいただく
8. 灯台から島を一望する
9. 熱帯植物に囲まれてリゾート気分
10. 日本三大古泉の神秘で締めくくる

アクセス
◆電車：JR 東海道新幹線・東海道本線・伊東線「熱海駅」
◆車：東名高速道路「厚木 IC」、「沼津 IC」

日帰りコース 1

仕入れの搬送方法からこだわる新鮮なネタを堪能

沼津港で水揚げされた旬の鮮魚を、寿司や丼で提供する「すしの磯丸」。水や氷が魚に付かないよう、鮮度を保ちながら慎重に搬送される魚を、丁寧に仕込み、お手頃価格で提供してくれます。ランチ限定の丼や本格寿司のほか、日本酒や焼酎も用意。落ち着いた店内で、沼津の鮮魚を心行くまで味わえます。

仲見世店の数量限定ランチ「磯丸ランチ丼」1,480 円。生しらすのほか、7 種類のネタが載っている

2 日本一短い空中散歩 3分で絶景へ

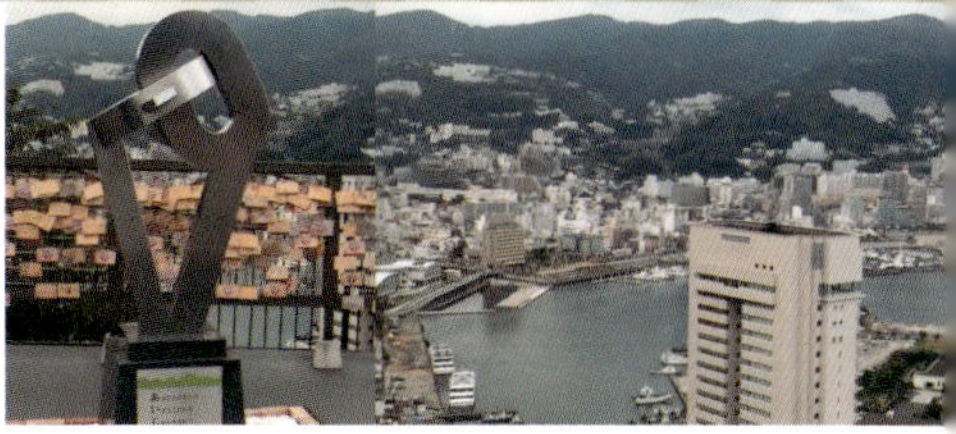

山頂のテラスから房総半島や三浦三崎、初島、伊豆大島が望める。展望台の先端にある、恋人たちのメモリースポット「あいじょうモニュメント」

熱海駅から路線バスで終点まで行き、「アタミロープウェイ」で山頂へ。乗車時間はたったの3分。切り立った崖を上るにつれて眼下に広がる絶景をお見逃しなく。到着したら、展望台の先端からは熱海市街、背後に箱根連山から真鶴半島、南には初島も望めます。「あいじょう岬」展望台の一角に絵馬をかけ、カフェで販売されているコーヒーやソフトクリームとともに壮大な景色を堪能してください。

3 触っても撮っても OK! 人気の“だまし絵テーマパーク”

熱海城の別館「熱海トリックアート迷宮館」では、平面画が立体的に見えてしまう不思議なアートが楽しめます。海洋生物や恐竜、ジョーズなど、さまざまな作品を約40点展示。性別や年齢問わず大人気の理由は、観るだけではないこと。触って考えたり、ポーズをとって撮影したりと、存分に楽しめます。驚きと感動の錯覚体験を存分に楽しめます。

専門の画家が描いた平面画で、巨人や小人になった錯覚体験を楽しめる

4 老舗ラーメン店で 食す絶品オムライス

銀座商店街はレトロな風景に出会えます。魅力的なお店は多々あれど、絶対に立ち寄りたいのが「石川屋」。昔ながらの支那そばにこだわる1953年から続く老舗のラーメン店です。高級かつお出汁とシジミのスープが極細麺にからみ、絶品。しかしもう1つの裏定番が、濃厚なケチャップライスと、トロトロぷるぷる卵のオムライスです。口中を幸せで包んでくれる、ボリューミーな逸品をぜひ。

60余年もの間、昔ながらの支那そばの味を守っている。昔ながらの濃厚なケチャップライスに“ふあふあ卵”の「オムライス」1,500円

5 早朝も昼も夜も美しい! 南国リゾート感あふれるビーチ

毎日ライトアップされる浜辺（花火打上時間は消灯）と、夜景のコラボレーションが美しく、都会の喧騒を忘れさせてくれる

伊豆の玄関口、熱海のビーチ「熱海サンビーチ」は、青い海と白い砂浜、ヤシの並木通りなど、海外リゾートのような優雅さ。夏の海水浴場としてはもちろん、海辺の散歩コースとしても人気です。早朝には水平線からのぼる朝日が美しく、夜は、世界的な照明デザイナーが手がけたライトアップで幻想的な景色が楽しめます。ヨットハーバーのある遊歩道をのんびりと歩き、休日を締めくくってはいかがですか。

一泊コース 6

予約不要の高速船フェリーで30分の船旅へ！

初島と熱海港を結ぶ高速船では、展望デッキから見晴らし抜群の船旅を実現させてくれます。晴れた日には富士山を見ることもでき、11月中旬から3月中旬までは、シベリアからやってくるカモメがついてきます。大海原とカモメが旅を盛り上げてくれるでしょう。船は、最大868名収容の広々とした「イル ド バカンス三世号」と、木目調で統一された船内がシックな、バリアフリー対応の「イル ド バカンス プレミア」の2隻。30分の贅沢なリゾートクルーズをどうぞ。

1日10往復運航（船の点検期間は1日7往復）

7 食べる分だけ獲って水槽に！真の地産地消グルメ

"天然の漁礁"とも言われる初島では、漁師がその日の朝に獲ってきた海の幸を提供する「食堂街」があります。丼や刺身、煮魚などの定食は、是非とも味わいたい逸品。14の名店が提供する海鮮丼をぜひ味わってみてください。また、海を眺めながらの漁師との会話も、離島ならではの楽しみです。離島でしか味わえない、地産地消グルメに舌鼓を。

初島港周辺の、島の漁師が営む「食堂街」

8 360度のパノラマが広がる漁船の「道しるべ」

静岡県唯一の有人島の最頂部に立つ、日本で15番目の登れる灯台「初島灯台」。外側に螺旋階段が架けられた灯台は国内唯一で、晴れた日には伊豆諸島や伊豆半島、遠くは房総半島までの眺望が広がります。灯台資料展示館では3Dパノラマビューや、初島の歴史、灯台の仕組みに関する展示も。

コンディションが良ければ富士山や大島・新島・利島、遠くは房総半島まで見渡せる

熱海に来たらコチラも！

「ZION BURGER」

熱海サンビーチからすぐにある、2024年にオープンしたばかりの本格バーガー。バンズやパティはもちろん、自家製ベーコンは絶品です。東京の名だたる名店で腕を上げた店主のこだわりバーガーは、すでに地元でも高評価。

9 まるで気分は海外！離島リゾートで時を忘れる

「PICA初島」内何百種類もの亜熱帯の植物が生い茂るアジアンガーデンで、時間を忘れてハンモックに揺られませんか？「R-Asia」では、広い空と芝生に包まれて島雑貨を選んだり、海を一望できるブランコで遊ぶなど、思い思いの島時間を過ごせます。園内には、異国情緒を感じる食事やカクテルが揃い、新鮮な魚介類を味わえるシーフードBBQ施設も併設。仕事を忘れるひと時にぴったりです。

「Terrace Restaurant ENAK」では、シーフードBBQやアジアンフード＆ドリンクが楽しめる

10 熱海に戻ったら寄りたい神秘の源泉

日本三大古泉の一つ「走り湯」は、日本でも珍しい横穴式源泉。1300年以上前に発見され、山中から湧き出した湯が海岸に飛ぶように走り落ちる様から名づけられ、明治以前は伊豆山神社の神湯として信仰されていたそうです。奥行5mの洞窟から70度の湯が毎分170リットル湧き出る神秘的な光景は、見る価値あり。

昔はこの洞窟から樋を伝い、そのまま海に湯滝として流れ出していた

旅まとめ

1「すしの磯丸 仲見世店」
静岡県熱海市田原本町 7-1
☎ 0557-81-2915
ランチ 11:00 ～ 16:00　ディナー 17:00 ～ 20:00
（水曜は 11:00 ～ 15:30L.O.）
木曜休

2「アタミロープウェイ」
静岡県熱海市和田浜南町 8-15
☎ 0557-81-5800
上り始発 9:30　上り最終 17:00
下り最終 17:30（概ね 10 分間隔）
強風等悪天日休

3「熱海トリックアート迷宮館」
静岡県熱海市曽我山 1993
熱海城隣
☎ 0557-82-7761
9:00 ～ 17:00（16:30 最終入館）
無休

4「石川屋」
静岡県熱海市銀座町 9-3
☎ 0557-81-3075
ランチ 12:00 ～ 13:30
ディナー 18:00 ～ 20:30
木曜、第 2・4 水曜休

5「熱海サンビーチ」
静岡県熱海市東海岸町
☎ 0557-86-6218（公園緑地課）
海開き期間中の遊泳可能時間
9:00 ～ 16:00
ライトアップ毎晩日没～ 22:00
（花火打上時間は消灯）

●「ZION BURGER」
静岡県熱海市渚町 10-9 1F
ランチ 11:00 ～ 14:30L.O.
ディナー 17:00 ～ 22:30L.O.
不定休

6「高速船フェリー（富士急マリンリゾート）」
静岡県熱海市和田浜南町 6-11
☎ 0557-81-0541

7「食堂街」
静岡県熱海市初島
☎ 0557-67-1400
（初島総合観光案内所）
店舗により異なる

8「初島灯台」
静岡県熱海市初島 444
☎ 0557-67-3100
10:00 ～ 16:00
（15:40 最終入場）

9「PICA 初島」
静岡県熱海市初島　PICA 初島
☎ 0557-67-2151

10「走り湯」
静岡県熱海市伊豆山 604-10
☎ 0557-81-2631
（伊豆山温泉観光協会）

名古屋名物をめぐりながら最強パワースポット熱田神宮へ！

東西からのアクセス抜群！グルメも歴史もたっぷり味わう

© （公財）名古屋観光コンベンションビューロー

コレで発散！
海老ふりゃ～も
まぜそばも
名古屋城も熱田神宮も！
見どころ満載の休日を

名だたる戦国武将が天下の中心とした名古屋。東西の文化が交流して新しい文化を生んだこの都市は、アクセスも便利。また、海老フライやきしめん、まぜそば、ひつまぶしなど、独自の食文化を持つことでも有名です。

信長・秀吉・家康（三英傑）をはじめ、戦国～江戸期に活躍した大名の大半が愛知県出身ということで、武将観光が盛んです。なかでも信長も参拝したパワースポット「熱田神宮」や本丸御殿が人気の「名古屋城」、三英傑も奪おうとした「犬山城」は外せません。

知れば知るほど面白い名古屋の文化を探ってみてください！

コース紹介

日帰りコース

❶ まずは駅で名物きしめんを ◀
❷ 国内屈指の城郭「名古屋城」を見学 ◀
❸ 大須商店街で名物を堪能 ◀
❹ 名古屋最強のパワースポット「熱田神宮」 ◀
❺ 台湾まぜそば発祥の店でメる ◀

一泊コース

❻ 世界中の海が見られる水族館へ ◀
❼ 特大"海老ふりゃ～"で締めくくる

アクセス
◆電車：JR関西本線・東海道本線・東海道新幹線・中央本線、あおなみ線、名古屋市営東山線、名古屋市営桜通線「名古屋駅」
◆車：名古屋高速都心環状線「名駅入口IC」

日帰りコース

1 駅のホームから名古屋を感じる"駅きしめん"

JR名古屋駅ホームに構える名店「住よし」。毎日仕込むこだわりのダシつゆは、ムロアジとカツオの混合削り節で香り豊かな仕上がり。きしめんのなめらかさはもちろん、なにより提供まで30秒というスピード感が魅力です。トッピングは海老天や鰹節、ネギ、卵、牛肉などと豊富。"早い・うまい・安い"名古屋名物をいただいて、旅を始めましょう。

シンプルな「ワンコインきしめん」500円のほか、みそ、カレー、名古屋コーチンなども

2 徳川の威信をかけて築かれた特別史跡名古屋城

名古屋の観光地といえば、徳川家康が築城を命じた「名古屋城」。第二次世界大戦時に焼失しましたが、1959年に金のシャチをいただく五層の大天守閣と小天守閣を再建。また、「近世城郭御殿の最高傑作」とたたえられる本丸御殿は、10年に及ぶ工事を経て、2018年から全面公開されています。さらに、尾張名古屋の食文化を堪能できるグルメ通り「金シャチ横丁」は老舗が集結した「義直ゾーン」、新進気鋭の店舗が軒を連ねる「宗春ゾーン」で名古屋の美味を堪能できます。

ライトアップされた天守閣と、忠実に復元された優美な本丸御殿
提供　名古屋城総合事務所

3 喫茶店文化をけん引する名店のエビフライサンドを

上前津駅から向かうのは、日本一元気な商店街といわれる「大須商店街」。家電店から古着屋、飲食店まで、あらゆる業種のお店が軒を連ねています。ここに来たら絶対に訪れたいのが、1947年創業の喫茶店「コンパル」。エビフライ3本を贅沢にサンドした「エビフライサンド」はメディアにも取り上げられる名物。独自のレシピをもとに、自社工場で作るソースとフライのバランスは絶妙です。帰りは大須観音駅に向かい、「大須観音」に立ち寄ってはいかがですか。

海老フライとふんわり玉子を、カツとタルタルのダブルソースでいただく「海老トーストサンド」1,100円

目の神様が祀られる清水社や、織田信長が奉納した「信長塀」などは必見です

4 信長も参拝！草薙神剣を祀る「熱田神宮」

「熱田神宮」は約1900年もの歴史を持ち、三種の神器の一つ「草薙神剣」が祀られている神社です。また、織田信長が必勝祈願をした神社としても有名です。境内の清水社近くには、楊貴妃伝説にまつわる石塔の一部も見ることができ、この石に3回水をかけると願い事が叶い、目や肌がきれいになるという信仰もあるそう。年間約60もの祭典と、約10におよぶ特殊神事が今に伝えられ、例祭（熱田まつり）は特に有名な祭典です。6月の例祭に合わせて訪れてみては。

一泊コース

6 世界の海の見どころ満載！日本初の取り組みも多彩

中部・東海地方を代表する「名古屋港水族館」では、魚はもちろん、ベルーガなどの海獣類や、飼育が珍しいエンペラーペンギンなどを見ることができます。南館では、「日本の海」「深海ギャラリー」「赤道の海」「オーストラリアの水辺」「南極の海」に生息する生き物たちを紹介。北館では、水中生活に適応して知性を発達させた鯨の世界を紹介しています。必見は日本最大のプールで行われる、イルカパフォーマンス。水中観察窓から眺めれば、地上とは違う姿に感動するでしょう。

BGMと水中照明を加えて演出する「マイワシのトルネード」。左右60m、奥行き30m、深さ最大12mの巨大プールで行われるイルカのパフォーマンス

7 「特大海老ふりゃ～」日本最大級の35cm！

揚げたての海老フライを、赤みそとエビみそを合わせた新名古屋名物、「秘伝のどて味噌ソース」に浸して食す「海老どて食堂」。ここは35cmの天然エビに、サクサクの生パン粉をまとわせた海老フライが自慢です。自家製のタルタルソースは、ゆで卵を自分で混ぜるので、好みの粗さに調整可能。日本最大級の"海老ふりゃ～"をお楽しみください。

好みの大きさにゆで卵を混ぜるスタイル「大海老ふりゃ～定食」2,068円。フライ単品や丼も人気

名古屋に来たらコチラも！
「ひつまぶし」

独自の食べ方で鰻をいただく「ひつまぶし」の本場は名古屋。「ひつまぶし」を全国区にした、名店「あつた蓬莱軒」は1873年に創業。門外不出のタレは、創業者の家系のみに口頭で受け継がれているそう。かつお出汁でいただくお茶漬けも絶品。

辛さが癖になる「台湾ラーメン」920円。辛さ控えめメニューも用意されている

5 すっかりおなじみのソウルフード "元祖台湾ラーメン"

都内でも見かけることが多くなった、台湾ラーメン専門店「味仙」。台湾ラーメンといえど、実は元祖は名古屋で、50数年ほど前、「味仙」が独自に開発したメイド・イン・名古屋のオリジナル料理です。本国の担仔麺をベースに辛くアレンジし、従業員のまかないとして提供していたとか。これを常連客に出したところ好評を博し、オンメニューに至ったそうです。リピーター続出の台湾ラーメンを旅の思い出に。

旅まとめ

❶「きしめん 住よし」
JR名古屋駅
6:30～21:40（21:30L.O.）
※店舗により異なる
無休

❷「名古屋城」
愛知県名古屋市中区本丸
1番1号
☎ 052-231-1700
9:00～16:30（本丸御殿・西の丸御蔵城宝館は16:00まで）
12月29日～31日、1月1日休（催事等により変更になる場合あり）

❸「コンパル　大須本店」
名古屋市中区大須3-20-19
大須新天地通・万松寺北
8:00～18:30L.O.
無休

❹「熱田神宮」
愛知県名古屋市熱田区
神宮1丁目1番1号
☎ 052-671-4151
（熱田神宮宮庁）
宝物館は9:00～16:30
（16:00最終入場）
宝物館は毎月最終木曜とその前日、12月25日～31日休

❺「味仙 JR名古屋駅店」
愛知県名古屋市中村区名駅
1-1-4 JR名古屋駅
☎ 052-581-0330
11:00～22:30（22:00L.O.）
無休

●「あつた蓬莱軒 本店」
愛知県名古屋市熱田区神戸町
503
☎ 052-671-8686
ランチ 11:30～1400L.O
ディナー 16:30～20:30L.O
水曜、第2・第3木曜休

❻「名古屋港水族館」
愛知県名古屋市港区港町
1番3号
☎ 052-654-7080
9:30～17:30（GW・夏休み期間中は9:30～20:00、冬季は9:30～17:00）※入館は閉館の1時間前まで
月曜（休日の場合翌日）
※GW期間、7月～9月、春・冬休み期間中は無休

❼「海老どて食堂エスカ店」
愛知県名古屋市中村区椿町
6-9 エスカ地下街
☎ 052-459-5517
11:00～21:30(20:30L.O.)
※ランチ 11:00～14:00
1月1日、2月の第3木曜、9月の第2木曜休

期間限定の黒部峡谷の絶景と美肌温泉を大満喫！

©（公社）とやま観光推進機構

コレで発散！
絶景＆温泉
白エビとラーメン
国定公園に
国宝のお寺！
美景と美食に
癒される

早起きの価値あり！ 世界に誇る峡谷の絶景に美湯と美味

東日本と西日本の中心に位置する富山県は、北陸新幹線で東京から約2時間。立山連峰をはじめ、豊かな自然に恵まれています。

ぜひ体験したいアクティビティは、黒部峡谷トロッコ電車の旅。息をのむような絶景が広がるV字峡谷を抜け、終着駅からは大自然を背景にハイキングコースを楽しめます。

また、富山湾からは四季を通じて旬の味覚が運ばれ、寒ブリや白えび、ホタルイカは特に有名。大自然の恵みをすべて手に入れられる贅沢な休日です。

コース紹介

日帰りコース

1. 富山駅から宇奈月温泉駅へ
2. トロッコで黒部峡谷を駆け抜ける
3. 宇奈月温泉街でおでん
4. 絶景を望む美肌の湯へ
5. 高級魚を老舗のシャリ酢で

一泊コース

6. 元祖「ブラックラーメン」で朝食
7. 高岡駅から国宝「瑞龍寺」を訪ねる
8. 「雨晴海岸」で女岩を眺める
9. 輝く「白エビ刺身丼」で旅を締める

アクセス
◆電車：JR 高山本線・北陸新幹線、あいの風とやま鉄道「富山駅」
◆車：北陸自動車道「富山IC」

日帰りコース

1 開湯100年を迎えた富山県随一の温泉郷へ

富山駅から、あいの風とやま鉄道で「新魚津駅」を経由し、富山地方鉄道本線で「宇奈月温泉駅」へ。構内を出ると、お湯が吹き上げる温泉噴水がお出迎え。黒部峡谷鉄道「宇奈月駅」へ向かう途中には足湯も用意されています。

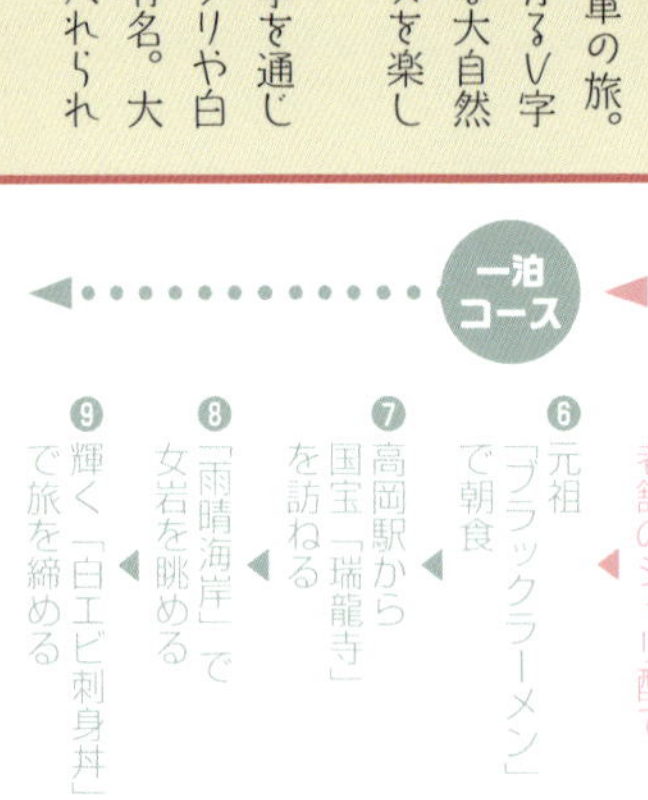

駅の中・外から利用可能な足湯。温度は約 40℃の弱アルカリ性の単純温泉

1973 年に開湯 50 周年を記念して作られた温泉噴水。観光名所として有名

2 トロッコに揺られ大峡谷の旅に出る！

①深流から約40mの高さに架かる「新山彦橋」②「うなづき湖」の上流には、猿が対岸に渡れるよう作られた吊り橋が。運が良ければその様子が見られることも。③入山者が谷の深さに思わず後ずさりしたことから名づけられた「後曳橋」

黒部峡谷鉄道「宇奈月駅」まで徒歩で移動したら、日本一のV字峡谷を走る黒部峡谷トロッコ電車へ。車窓から眺める景色は、大パノラマの絶景。通常は、片道約1時間20分で「宇奈月駅」から「欅平駅」までを運行していますが、現在は片道約45分で「猫又駅」までの往復運転。「宇奈月駅」を出てまず姿を現すのが深紅の鉄橋「新山彦橋」。さらに進むと、エメラルドグリーンの湖面と湖面橋の鮮やかな赤を映す「うなづき湖」が。「黒薙駅」を出てすぐに渡る「後曳橋」は、黒薙川の川底まで約60mあり、車窓からもスリリングな景観が味わえます。

3 たぬきが目印おでんでホッと温まる

宇奈月に戻ったら、歴史ある宇奈月温泉街を散策。足湯が点在するほか、老舗和菓子店やカフェが軒を連ねます。温泉街の入り口付近にある「河鹿」では、釜めしやおでんが人気。名物は、50年以上続く釜めしと、富山独特のかためのとろろ昆布を付けていただくおでん。黒部名水ポークを使用した豚の角煮の釜飯もおすすめ。

おでん「おまかせ五種盛り」850円。テイクアウトも可

4 美肌に効果大のお湯で"つべつべ"肌を手に入れる

宇奈月のお湯は日本有数の透明度で、「美肌の湯」としても知られています。このお湯を日帰りで楽しむなら、竹久夢二や与謝野晶子など多くの文化人に愛された老舗旅館「延対寺荘」へ。峡谷の山と黒部川を眺める露天風呂や、大きな窓から自然のパノラマが広がる大浴場が人気。美肌効果が高い"トロリ"とした湯に包まれて旅の疲れを洗い流せます。

峡谷美が広がる絶景の婦人大浴場「紅の湯」。ガラス越しには迫力のある山の景色と黒部川を臨める

5 富山の美味満載！名物寿司を駅で食す

北陸の海に育まれた新鮮な魚介を、富山湾や氷見港などから直送する「すし玉」。毎朝・夕に水揚げされる活きのいいネタを、港から直接買い付けているので、お手頃価格で味わえます。またシャリは富山県産こしひかり100％。金沢の老舗「玉寿司」のシャリ酢であわせる、こだわりの人気店です。

白身のトロといわれる高級魚「のどぐろ炙り」1貫550円。冬季限定の寒ブリ550円

一泊コース

6 富山のご当地グルメ ”真っ黒“なラーメンを

富山の定番の味として外せないが”元祖富山ブラック“「西町大喜」。終戦後の富山で、町の復興に従事する人々の塩分補給のために、濃い味付けで白飯に合う中華そばを作ったのが始まりです。濃口しょう油スープに硬めのストレート太麺、塩辛いメンマ、山盛りのチャーシューを、トッピングの粗切りネギと粗挽きコショウとともに混ぜ、全ての食材をよくかき混ぜてから味わうのが”大喜流“。

駅構内にある「西町大喜 とやマルシェ店」。「中華そば」（並）950円。ライスやおにぎり、生玉子の追加も

7 ”江戸初期の禅宗寺院建築の傑作“ 圧巻の国宝「瑞龍寺」

高岡市の市街地にある「瑞龍寺」は、七堂伽藍と呼ばれる7つの主要な建物がある禅宗寺院です。前田利長の菩提をとむらうために、三代当主の利常が建立。造営に約20年かかり、一直線に配列された山門、仏殿、法堂は国宝に指定されています。高さ18mの山門の手前に立つと、門を借景にして奥の仏殿を美しく捉えられます。

JR北陸新幹線「新高岡駅」と、あいの風とやま鉄道「高岡駅」のほぼ中央に位置する。山門は左右に金剛力士像が安置され、楼上に釈迦如来と十六羅漢を祀っている

富山に来たらコチラも！

「宇奈月ビール」

黒部の名水と二条麦で作られた、黒部市宇奈月で醸造された地ビール。酵母がたっぷりのこのビールの主な種類は、「十字峡（ケルシュ）」、「トロッコ（アルト）」、「ぷれみあむ（ライスエール）」の３つ。もう１つの富山名物「黒づくり」とともに味わってはいかが。

8 岩礁と白い砂浜 万葉集で詠まれた景勝地

「日本の渚百選」、「白砂青松百選」、「日本の海水浴場88選」に選ばれた「雨晴海岸」は、富山湾越しに立山連峰を望むことができます。源義経が落ち延びる途中、岩（義経岩）でにわか雨が晴れるのを待ったのが、地名の由来とか。また、立山連峰を背景にした海越しの「女岩」は絶景スポット。

松尾芭蕉が『おくのほそ道』に詠んだ由緒地で、女岩と義経岩は「おくのほそ道の風景地」ー有磯海ーとして名勝に指定されている

白えびが贅沢にのせられた「白えび刺身丼」3,600円。殻ごと食すことで多くの栄養が摂れ、なによりえび本来の味が楽しめる「白えび天ぷら」990円

9 刺身でも天丼でも！ 駅で本物の白えびをいただく

元祖白えび天丼を提供する「白えび亭」では、富山湾新湊から、毎朝丁寧に手むきしたお刺身を直送しています。手むきすることで白えび本来の上品な甘みや食感が保てます。また白えびは、殻ごと食べても美味。ここでは本来の味を残せるよう、衣や味つけは極力少なめ。白えびだけを贅沢に使った天丼もおすすめです。

旅まとめ

1 「宇奈月温泉駅」
富山県黒部市宇奈月温泉 260
☎ 0765-62-1320

2 「黒部峡谷鉄道」
富山県黒部市黒部峡谷口 11
☎ 0765-62-1011
運行期間 4 月中旬～ 11 月 30 日

3 「河鹿」
富山県黒部市宇奈月温泉
330-19
☎ 0765-62-1505
ランチ 11:00 ～ 14:00
ディナー 17:00 ～ 24:00
火曜休（不定休あり）

● 「宇奈月ビール」
https://www.unazuki-beer.jp/
☎ 0765-65-2277

4 「旬菜食楽黒部峡谷絶景の宿 延対寺荘」
富山県黒部市宇奈月温泉 53
☎ 0765-62-1234
日帰り湯 11:00 ～ 16:00
無休

5 「廻る富山湾 すし玉 とやマルシェ店」
富山市明輪町 1-220
☎ 076-471-8127
11:00 ～ 21:30
無休（元旦・臨時休業あり）

6 「西町 大喜 とやマルシェ店」
富山市明輪町 1-220
☎ 076-471-8107
10:00 ～ 21:15
無休

7 「国宝 高岡山瑞龍寺」
富山県高岡市関本町 35
☎ 0766-22-0179
9:00 ～ 16:30（12 月 10 日～ 1 月 31 日は 16:00 まで）
無休

8 「国定公園 雨晴海岸」
富山県高岡市太田雨晴
☎ 0766-20-1547
（高岡市観光協会）

9 「白えび亭　とやマルシェ店」
富山市明輪町 1-220
☎ 076-433-0355
ランチ 11:00 ～ 14:00
ディナー 16:00 ～ 20:00
（土日祝日は 11:00 ～ 20:00）
無休

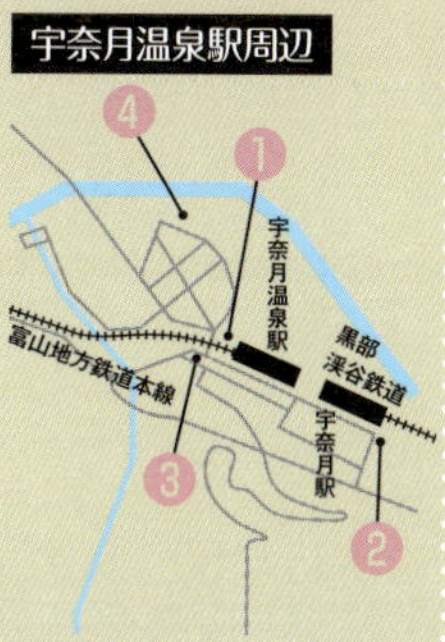

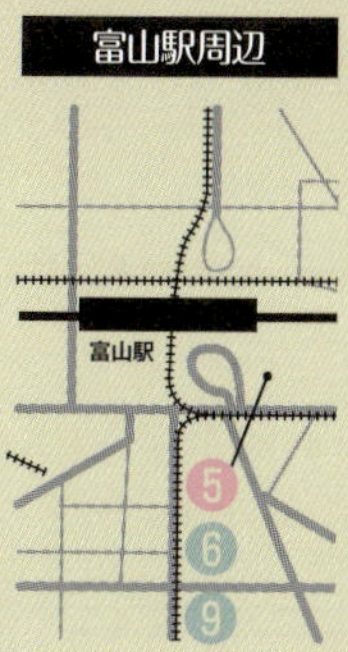

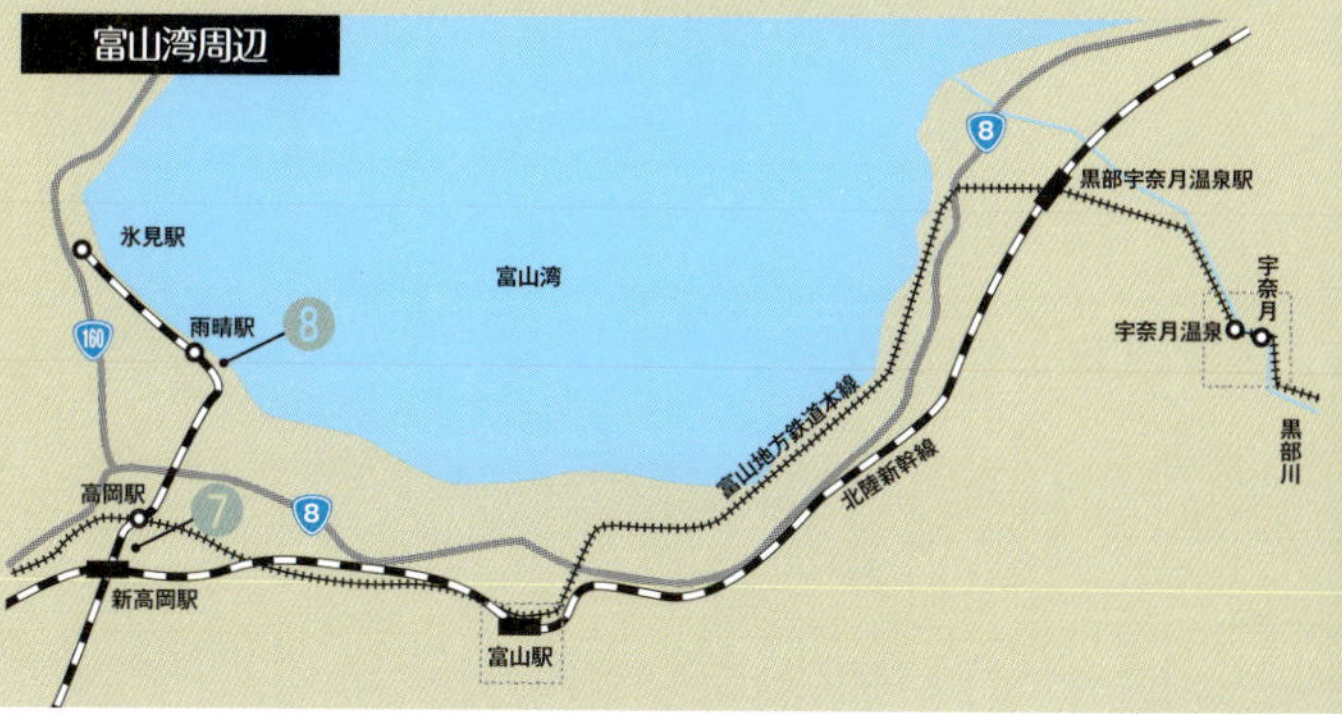

© 金沢市

市場でも茶屋街でも石川の旨いものを食べつくす！

コレで発散！
加賀百万石の歴史を感じながら豊かな食材を味わい尽くす！

歴史的建造物も絶品寿司もすべて徒歩圏内で満喫できる

金沢城を中心として半径2㎞以内に観光地が収まっている金沢。市内には加賀百万石の歴史を感じるスポットが点在し、「金沢城公園」や「兼六園」は必見です。また、土塀をめぐらせた「長町武家屋敷跡界隈」の街並みは、金沢らしい情緒ある街並みです。

グルメとしては、金沢市民の台所と言われる「近江町市場」や茶屋建築が連なる「ひがし茶屋街」がおすすめ。〝白身のトロ〟といわれるノドグロやズワイガニなどの鮮魚や、端正なスイーツなど、金沢が誇る美味に出会えます。

コース紹介

日帰りコース

❶ 金沢市民の台所「近江町市場」へ
❷ 武士が暮らした屋敷跡を散策
❸ 神門が美しい「尾山神社」を参拝
❹ ひがし茶屋街で食べ歩き
❺ 老舗の金沢おでんを駅構内で

一泊コース

❻ 豪華・白身のトロ、の炙り丼
❼ 日本を代表する現代アート美術館へ
❽ 日本三名園の1つ「兼六園」を散策
❾ 県民の宝「金沢城公園」を訪れる
❿ 超人気寿司店を並ばずに!?

アクセス
◆電車：JR 北陸新幹線、IR いしかわ鉄道線「金沢駅」、北陸鉄道「北鉄金沢駅」
◆車：北陸自動車道「金沢東 IC」、「金沢西 IC」

日帰りコース 1

プロの料理人も通う市場で美味を食べつくす

「近江町市場」は、1721年から加賀藩前田家の御膳所として、また市民の台所として人々の生活を支えてきました。アーケードには約170もの店が並び、新鮮な魚介はもちろん、地元の野菜や漬け物、スイーツなどさまざまな商品がやり取りされています。もちろんその場でも食べられますが、海鮮丼やお寿司は特に人気。ぜひ目当てを見つけて訪れてください。

新鮮な海の幸はもちろん、豊かな大地で育った野菜など、石川の恵みが一堂に集まる
写真提供：近江町市場商店街振興組合

2 藩政時代の武士が住んでいた情緒ある小路を

路地の両側に土壁と長屋門が続く。現在も人々が暮らす住宅街　© 金沢市

昔ながらの土塀や石畳の小路が続く「長町武家屋敷跡」。江戸時代を彷彿とさせるこの界隈は、伝統環境保存区域・景観地区に指定。新緑や紅葉、雪の時期の冬支度のさまは、金沢の風物詩として人気です。唯一屋敷内を公開している「武家屋敷跡 野村家」の庭園はミシュランで星を獲るほどの美しさ。またこの界隈から繁華街に抜ける鞍月用水沿いには割烹、郷土料理店、カフェも多く軒を連ねています。

3 金沢を美しく照らす重要文化財の神門は必見

中央2間の天井に、極彩色の“うどんげの花”が描かれている拝殿。和漢洋の三様式を取り入れた神門。異色の門として知られ、金沢市のシンボルにもなっている

加賀藩祖・前田利家公とお松の方を祀る「尾山神社」。ここは、１８７３年に創建され、神門は１８７５年に建築されました。当時、和漢洋折衷の神門は前例がなく、国の重要文化財にも指定されています。最下層の三連アーチの骨組は木造で、外側の石積みには戸室石を使用。最上階にはめ込まれたギヤマンは特に美しく、日本現存最古の避雷針が施されています。ライトアップされた夜の姿も幻想的。

4 金沢らしさが詰め込まれた伝統的な街並みを巡る

情緒あふれる街並みは、外国人観光客にも大人気。一見さんお断りのお茶屋から、気軽に入れるバーまで楽しみ方もさまざま。© 金沢市

金沢文化を代表する茶屋街「ひがし茶屋街」には、格式ある割烹や、町家カフェ、伝統工芸品を扱うセレクトショップが建ち並びます。美しい出格子と石畳が続く古い街並みは、国の重要伝統的建造物群保存地区に選定。和装がぴったりのこの町を歩くなら、着物のレンタルを利用するのもおすすめです。

5 実はおでんも名物“優しい”ソウルフードで締める

海鮮やスイーツ、街歩きを満喫したら、金沢駅構内にある「季節料理 おでん 黒百合」へ。代々受け継がれてきた秘伝のだしで作る金沢おでんは、旅の疲れを癒す優しさ。新鮮な海幸や加賀野菜を使ったおでんは、日本有数の消費量を誇る金沢のソウルフードだそう。バイ貝や車麸など、地元ならではの具も楽しんで。

ふかし、加賀野菜など金沢にゆかりのある具はもちろん、鰯つみれや大根など定番が揃っている。駅構内「金沢百番街 あんと」内にあるので、旅の帰りに気軽に立ち寄れる

一泊コース

6 四季の加賀料理をいただける明治創業の老舗

松坂藩お抱えの魚問屋「魚屋 半兵衛」を元祖とし、1897年に金沢にて創業した加賀料理「魚半」。ここでは、金沢伝統の鴨肉を使用した「かも治部煮」や、加賀藩時代にも珍重された「ゴリ」など、四季折々の加賀・能登の料理をいただけます。治部鍋は噛むたびにコクのある鴨の味わいが楽しめ、ゴリの刺身はさっぱりと、丸ごと揚げる唐揚げは風味が香ばしく絶品。カウンター席も用意されているので、おひとり様でも気軽に立ち寄れます。

7 見て、触れて、感じる現代アート美術館

金沢が誇る人気の観光スポット「金沢21世紀美術館」は、〝新しい文化の創造〟と〝新たなまちの賑わいの創出〟を目指した現代アート美術館。有名なレアンドロ・エルリッヒ作の『スイミング・プール』（要当日予約）は、プールを介して地上と地下で人々が出会うことができる話題の作品。豊富な展示物はもちろん、ミュージアムショップやレストランも併設しています。

金沢 21 世紀美術館 外観
撮影：渡邉修　提供：金沢 21 世紀美術館
レアンドロ・エルリッヒ《スイミング・プール》2004
金沢 21 世紀美術館蔵
撮影：渡邉修　写真提供：金沢 21 世紀美術館

8 加賀百万石の文化を映す歴史的文化遺産

日本三名園の一つに数えられる、廻遊式の庭園「兼六園」。国の特別名勝に指定され、金沢市の中心部に位置する広大な園内には築山、池、御亭などが点在しています。四季を通じてさまざまな自然美が堪能でき、雪から木の枝を守るために施される〝雪吊り〟は金沢の冬の風物詩。多彩な樹木を植栽しているので、「築山・林泉・廻遊式庭園」とも言われています。

雪吊りの縄に積もった雪や、赤や黄色に染まる秋の紅葉は必見

金沢に来たらコチラも！

「かぶら寿し」

かぶにブリを挟んで米こうじで漬け込んだ「かぶら寿司」は、北陸地方の伝統的な発酵食品。歴史上の文人・偉人にも愛されたといわれる発酵食品で、明治時代から続く老舗「四十萬谷本舗」のものもおすすめです。百貨店でも購入できるのでお土産にもぴったり。

9 城下町のシンボルで歴史を感じながら散策

池と石垣によって独創的な景観を創り出す「玉泉院丸庭園」と、21世紀の築城のシンボル「五十間長屋」

加賀藩前田家の居城跡につくられた「金沢城公園」。1869年まで加賀藩前田家14代の居城として置かれた金沢城は、度重なる火災で、ほぼ焼失してしまいましたが、2001年より金沢城公園として開園。見どころは、菱櫓・五十間長屋・橋爪門続櫓。2001年に復元され、安政当時の景観を現代に蘇らせました。池と石垣によって創り出された「玉泉院丸庭園」では庭園散策もおすすめ。

10 食通に愛される行列必死の寿司を並ばずに堪能！

金沢名物「もりもり寿し」は、回転寿司ではありながら、美味しさと新鮮さ、コスパの良さで話題の名店。しかしその人気ぶりから行列ができることもしばしば。そこでお勧めしたいのが同店の"回らない"お寿司。能登から届く、新鮮なネタを手頃に堪能できます。北陸の日本酒や能登ワインとのマリアージュも好評です。

のどぐろや大トロ、白エビなどの上質なネタが握られた「特上にぎり」2,500円

旅まとめ

1「近江町市場」
石川県金沢市上近江町50
☎076-231-1462
9:00～17:00(店舗により異なる)
1月1~4日(店舗により異なる)休

2「長町武家屋敷跡」
石川県金沢市長町

3「尾山神社」
石川県金沢市尾山町11-1
☎076-231-7210
9:00～17:00
無休

4「ひがし茶屋街」
石川県金沢市東山

5「季節料理 おでん 黒百合」
石川県金沢市木ノ新保町1-1
金沢駅百番街あんと内
☎076-260-3722
11:00～22:00（21:30L.O.）
金沢駅百番街に準ずる

●「四十萬谷本舗 百番街店」
石川県金沢市木ノ新保町1-1
金沢駅百番街あんと内
☎076-260-3737
8:30～20:00
金沢駅百番街に準ずる

6「魚半 武家屋敷前店」
石川県金沢市香林坊2-12-15
☎076-222-2288
ランチ11:30～14:00
ディナー17:00～21:00
(21:00L.O.)
水曜・年末年始休

7「金沢21世紀美術館」
石川県金沢市広坂1-2-1
☎076-220-2800
交流ゾーン9:00～22:00
展覧会ゾーン10:00～18:00
(金・土曜日は～20:00)
不定休

8「兼六園」
石川県金沢市兼六町1
☎076-234-3800
3月1日～10月15日
7:00～18:00
10月16日～2月末日
8:00～17:00
無休

9「金沢城公園」
石川県金沢市丸の内1-1
3月1日～10月15日
7:00～18:00
10月16日～2月末日
8:00～17:00
無休

10「能登前寿司 もりもり寿し
石川県金沢市堀川新町3-1
金沢フォーラス6F
☎076-265-3537
ランチ11:00～15:00
ディナー17:00～22:00
(21:00L.O.)
※土・日曜は11:00～21:00L.O.
無休

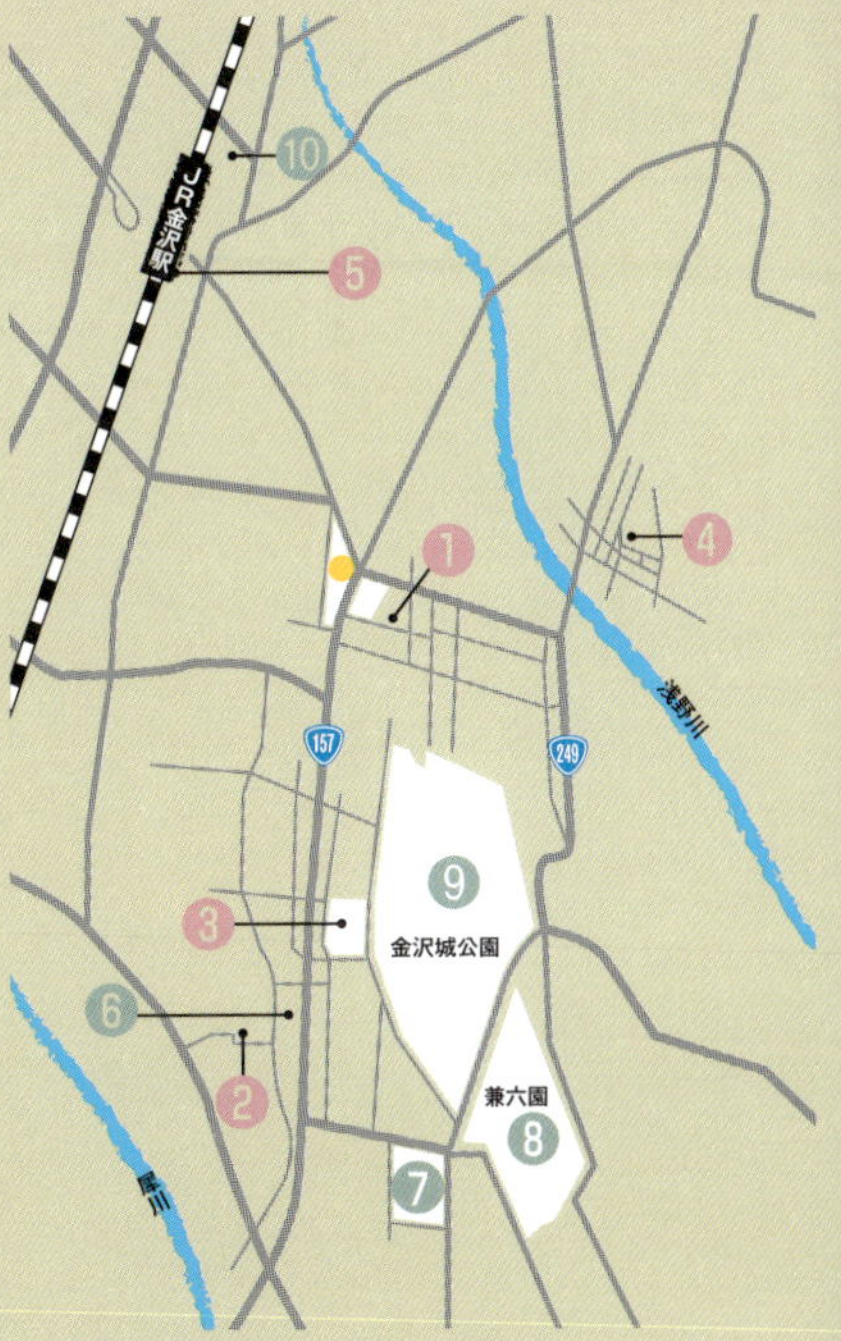

恐竜好きにはたまらない！長い歴史に育まれた魅力が満載

北陸新幹線開通でより身近に楽しみ方満載の"恐竜王国"へ

豊かな自然に恵まれ、景勝地の多い福井県は、越前海岸や奥越の山々など、さまざまな景観が楽しめます。さらに、長い歴史の中で培われた文化や建築物など、見所は数えきれないほど。なかでも、恐竜化石が多数発掘される「福井県立恐竜博物館」や断崖絶壁の景勝地「東尋坊」、「ミシュラン・グリーンガイド・ジャポン」で2つ星を獲得した大本山「永平寺」などは必見。大自然・歴史・グルメすべてが楽しめる贅沢エリアです。

コース紹介

日帰りコース
1. 元祖ソースカツ丼の総本店へ
2. 恐竜化石の名産地「勝山」へ
3. 曹洞宗の大本山で"禅"体験
4. 越前近海の朝捕れ鮮魚を堪能

一泊コース

5. 老舗蕎麦屋で越前蕎麦を
6. 歴史漂う大正建築美に触れる
7. 世界屈指の断崖絶壁を訪れる
8. 東尋坊商店街で食べ歩き
9. 体感型水族館で生き物と遊ぶ

アクセス
◆電車：JR 北陸新幹線、ハピラインふくい、えちぜん鉄道、福井鉄道「福井駅」
◆車：北陸自動車道「福井 IC」

コレで発散！
恐竜に断崖絶壁！非日常のスリルでリフレッシュ

日帰りコース

1 日本人の味覚に合わせたドイツ仕込みのソースが決め手

東京都早稲田に誕生した「ヨーロッパ軒」は1924年に福井県片町通りに移転。創業者がベルリンで研鑽を積み、オリジナルのウスターソースを開発。これが秘伝のタレの原型となりました。カツは、薄くスライスしたモモ肉を特製パン粉にまぶし、ラードでカラッと揚げています。熱々のうちに秘伝のタレにつけ、ご飯に載せて提供。鮮魚に並ぶ、今や福井では常識の名物の1つです。

カツが３枚載った「カツ丼」1,180円。2・4枚、あぶら無しなども選べる

2 世界3大恐竜博物館と称される博物館が２０２３年リニューアルオープン

リニューアルを機に44体から50体に増えた恐竜の全身骨格。新館にある「恐竜の塔」は3階まで届く高さ。大迫力の実物大の恐竜に出会える

写真提供：福井県立恐竜博物館

恐竜化石の宝庫として名高い「福井県立恐竜博物館」。展示されている恐竜の全身骨格標本は50体で、そのうち10体は実物です。新館には「恐竜の塔」と呼ばれるシンボルモニュメントがそびえ、福井県で発見された5種の恐竜と1種の鳥類が実物大にて展示されています。また、特別展示室では、大きな恐竜骨格も展示し、特別展を開催。特別展期間外には、巨大な3面ダイノシアターで映し出される恐竜の映像は圧巻。２０２３年から10年間展示される日本初公開のブラキロフォサウルスの実物ミイラ化石も目玉です。

福井に来たらコチラも！

「水ようかん」

水ようかんといえば夏をイメージしますが、福井では冬の和菓子。発祥は大正〜昭和の丁稚奉公時代で、別名「丁稚ようかん」。薄く流し込まれたものをヘラですくっていただくのが福井流。おすすめは、1937年開業の「えがわ」。黒砂糖の優しい香りと上品な甘さは絶品です。

有名な「唐門」は、永平寺の住持就任式の赴任時に開かれる

写真提供：大本山永平寺

3 樹齢約700年の老杉に囲まれた荘厳な禅道場

曹洞宗の大本山「永平寺」は、１２４４年に道元禅師によって開かれた禅修行のための道場。今も多くの修行僧が日々厳しい修行に励んでいます。２０１５年にはフランスの旅行ガイド本「ミシュラン・グリーンガイド・ジャポン」で2つ星を獲得。約10万坪の境内には、70棟もの建物が並び、うち19棟は重要文化財です。

「白エビ唐揚げ」と「アジ姿造り」。もちろん、名産の越前ガニも提供している

4 福井駅から徒歩1分！新鮮な日本海の幸を

福井駅に戻ったら、越前近海の朝獲れ鮮魚と地酒で乾杯。「弥吉」の看板メニューの分厚く切られたブリや、身が締まって濃厚なアジのお造りは、都心では経験できない美味しさです。ほかにも大きな有頭エビのエビフライや、白エビの唐揚げもおすすめ。また、食べ応えあるヒネ鶏の串焼きなど、おつまみも充実しています。

週末は行列ができる、歴史漂う店構え。「おろしそば」700円はもちろん、「かき揚げ天せいろ」2,300円も人気

一泊コース

5 代表的ソウルフード「越前そば」を老舗でいただく

福井のソウルフードのひとつ「越前そば」は、大根おろしとねぎ、かつお節を添えて食べるのが定番。別名「おろしそば」を食べるなら、三国駅から5分の「そば処 盛安」へ。ここは、創業130年の老舗で、2021年のミシュランプレートに選出された名店。打ちたての麺が自慢のおろしそばには、大根のおろし汁のみを入れるのがこの地域のスタイル。多くの人がオーダーする、エビと貝柱、イカのかき揚げも大人気。

西欧の古典的デザインが特徴的な、県内最古の鉄筋コンクリート建築。豪華な漆喰模様が美しい室内。現在は展示やコンサートなどにも利用されている

6 西欧レトロの外観と豪華な内観で富豪気分!

西欧の古典的なデザインで目を引く「旧森田銀行本店」は、三国湊の豪商森田家が創業。森田銀行の新本店として1920年に建設されました。近年まで「福井銀行三国支店」として営業していましたが、老朽化に伴い、1999年に三国町の文化遺産としてオープン。内観は木と白漆喰の彫刻を基調とした吹抜けで、営業室の漆喰装飾は圧巻です。

7 世界的に珍しい柱状節理 圧巻の断崖は「世界三大絶勝」

「国の名勝・天然記念物」「日本の地質百選」「日本の夕陽百選」と、名だたる栄名を持つ「東尋坊」。日本海の荒波が打ち寄せる、輝石安山岩の柱状節理が作り出す断崖絶壁は、約1kmにわたります。この規模はなんと世界に3か所のみ。近年では、太陽が水平線に沈む際、数秒だけ緑色に光る「グリーンフラッシュ」を見ることができるスポットとしても話題。

高さ20mにもおよぶ断崖絶壁は、見下ろすのはもちろん、観光遊覧船から見上げる景色も大迫力

8 食べ歩き・お買い物・リラックス 東尋坊は楽しみ方もたくさん！

スリル満点の「東尋坊」を楽しんだら、すぐそばの「東尋坊商店街」で食べ歩き。約300m続くここは、イカやホタテ、つぶ貝などの浜焼きや、海鮮丼、ソフトクリームなどが売られる店がずらり。もちろんお土産店も充実しています。人気は、福井名産の「もみわかめ」や「焼き鯖寿司」のほか、「梵」や「雲乃井」など名だたる銘酒。スイーツは定番の「五月ヶ瀬」「羽二重餅」など。海の見えるカフェでゆったり過ごすのもおすすめです。

約30店の飲食店やお土産店が並ぶ。ご当地グルメ堪能にぴったり

9 2時間は確保したいアトラクションやふれあい体験を！

”みて、ふれて、楽しく学べる”体験・体感型の「越前松島水族館」。ここは個性的なコンテンツが豊富で、巨大なミズダコやエイ、ネコザメ、ドクターフィッシュなどに直接触ることができます。また、イルカショーやペンギン散歩、ウミガメの餌やりのほか、夏には1000匹もの海の生き物と一緒に遊べる「じゃぶじゃぶ海水プール」も。カワウソやマンボウの展示も人気です。

大人2,200円、小中高生1,200円、3歳以上600円。大人気の水中トンネルのある「ペンギン館」

旅まとめ

1「ヨーロッパ軒　豊島分店」
福井市豊島2-3-3
☎ 0776-21-4608
平日ランチ　11:00～14:15、ディナー17:00～19:45
火曜、第1月曜休
（祝日の場合は営業）

2「福井県立恐竜博物館」
福井県勝山市村岡町寺尾51-11
☎ 0779-88-0001
9:00～17:00
（16:30最終入館）
第2・4水曜休（祝日の場合は翌日、夏休み期間は無休）
12月31日～1月1日休

3「大本山永平寺」
福井県永平寺町志比5-15
☎ 0776-63-3102
8:30～16:39(16:00最終入場)
※季節によって変更有
無休

4「弥吉 駅前本店」
福井市大手2-6-14
☎ 0776-21-3345
17:00～00:00
日・祝日休（月曜不定休）

●「えがわ」
福井市照手3丁目6-14
☎ 0776-22-4952
8:30～18:00
11月～3月無休、
4月～10月水曜、1月1日休

5「そば処　盛安」
福井県坂井市三国町北本町3-2-30
☎ 0776-82-0405
ランチ11:00～14:00
ディナー17:00～20:00
（19:00L.O.）
土日祝11:00～14:00
（13:45L.O）
※繁忙期は夜も営業
※蕎麦が無くなり次第終了
水曜、火曜のディナー休

6「旧森田銀行本店」
福井県坂井市三国町南本町
☎ 0776-82-0299
9:00～17:00
月曜（祝日を除く）、年末年始休

7「東尋坊」
福井県坂井市三国町東尋坊
☎ 0776-82-5515（坂井市東尋坊観光交流センター）
散策は24時間可
無休

8「東尋坊商店街」
福井県坂井市三国町安島
☎ 0776-82-5515
（坂井市三国観光協会）
8:30～17:00（冬期は～16:00）店舗により異なる

9「越前松島水族館」
福井県坂井市三国町崎74-2-3
☎ 0776-81-2700
9:00～17:30（GW、夏季、冬季は営業時間変更あり）
無休

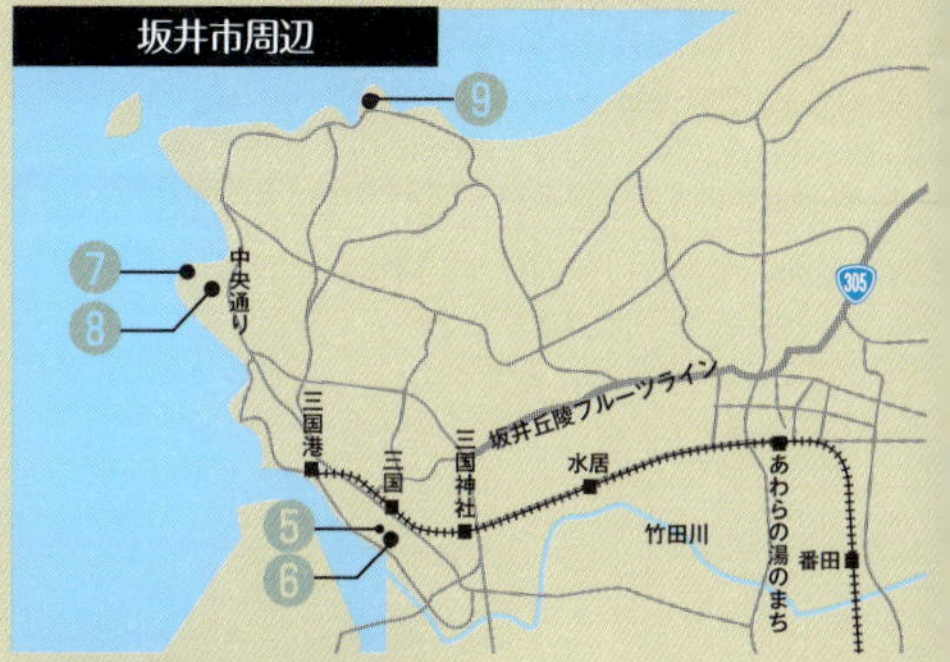

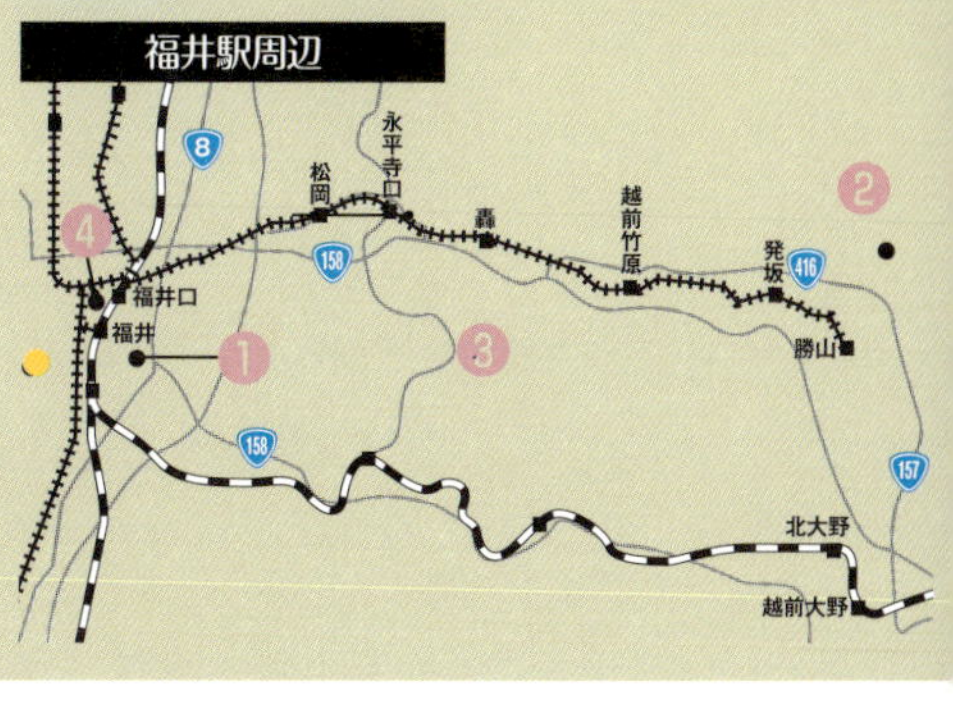

恋に効く日本三名泉とブランド牛を味わい尽くす

コレで発散！
とろける飛騨牛と日本三大名泉に埋もれる至福旅

大自然と日本の原風景に包まれる日本を代表する観光エリア

日本のほぼ中心に位置する岐阜県は、乗鞍岳などの山々や豊かな自然に恵まれた魅力的なエリア。好アクセスではないものの、毎年数多くの観光客が訪れる所以は、美しい日本の原風景が残る世界遺産の「白川郷」や、日本三名泉「下呂温泉」、そして日本一の黒毛和牛と称される「飛騨牛」など。

さらに、江戸時代の建物が並ぶ飛騨高山、馬籠宿、郡上八幡などは情緒あふれ、歴史を感じられます。充実したカフェやお土産店をめぐるのも楽しみのひとつです。

アクセス
◆電車：JR 高山本線「下呂駅」
◆車：東海環状自動車道「富加関 IC」、中央自動車道「中津川 IC」

コース紹介

日帰りコース ◀ 一泊コース ◀

❶温泉寺から下呂の町を一望 ◀
❷飛騨牛くしを食べ歩きで楽しむ ◀
❸日本三大名泉を日帰りで ◀
❹豪華！飛騨牛の握り3種 ◀
❺山麓から流れる清流を楽しむ ◀
❻贅沢な朝食ブッフェを満喫 ◀
❼世界遺産を再現した「合掌村」

日帰りコース ①

静かなたたずまいに心休まる 臨済宗妙心寺派の寺院

毎年3月8日には「薬師祭り」が開催され、毎月13日には無料の座禅会も行われる

地蔵堂から続く石段を173段上がった境内から下呂の町並みが一望できる「温泉寺」。薬師如来の化身といわれる白鷺が、村人に下呂温泉の源泉を知らせたという「白鷺伝説」があることで知られています。本堂前にある湯薬師如来尊像からは、下呂温泉が湧き出て、薬師如来の霊験を今に伝えています。魅力は静けさと景観で、特に秋にライトアップされる紅葉は必見です。

② 温泉旅館が提供する 美味を食べ歩きで楽しむ

温泉街の中心に立地する老舗旅館「下呂温泉 小川屋」が営むテイクアウト専門店「OGAWAYA かなれ」。一番人気は飛騨牛の串焼きで、地元名産のブランド牛をA4ランク以上にこだわって使用しています。素材本来の旨味を引き立てるべく、シンプルな塩コショウ味で焼き上げた一品です。同じく飛騨名物の団子も人気で、しょうゆ味とみたらし味の2種類のラインナップ。ビールや各種ソフトドリンクも販売されており、温泉街散策のお供にピッタリです。

③ 美肌の湯として名高い日本三名泉を日帰りで楽しむ

せっかく下呂温泉に来たなら「下呂温泉 小川屋」で日帰り湯を。東海地方最大級の100帖畳風呂と飛騨川に面した露天風呂が人気です。「白鷺の湯」は畳文化と温泉が融合した畳風呂で、足元が滑りにくく、お年寄りやお子さまにもやさしいと評判。また、全9種類の貸切風呂も日帰りで利用可能。プライベート空間で名湯・下呂温泉を独り占め。贅沢な気分に浸れます。さらに、エステ・マッサージサロン「ほぐし処 LAQTOA」、足湯が隣接された売店「飛騨路」、先に紹介した「OGAWAYA かなれ」なども魅力です。

下呂温泉開湯の起源とされる“白鷺伝説”を具現化した「白鷺の湯」。趣の異なる7種類の別館ゆらぎ貸切風呂の一つ「利休」

昭和初期、野口雨情が来遊した際に作った「下呂小唄」にちなんで名付けられた公園

A5 等級の飛騨牛と下呂産の豚肉を使った「あぶり肉寿司珠玉の三種盛り」900 円

4 老舗精肉店直営の肉寿司を下呂麦酒と一緒に

老舗の精肉店が手掛ける「湯島庵」は、メディアにも度々取り上げられているテイクアウト専門店。ブランド牛としても名高い飛騨牛を一頭買いしているため、リーズナブルに極上のお肉が味わえます。「飛騨牛あぶり寿司」はこの店の代名詞で、注文を受けてからその場でにぎるこだわりぶり。出来立てを食べ歩きで味わえる贅沢をぜひ。

5 温泉と食べ歩きのあとはせせらぎを聞きながらお散歩

歌謡詩人の野口雨情にちなんで名付けられた「湯のまち雨情公園」は、温泉街の程近く、阿多野谷の上流に広がります。公園の中央を流れる阿多野谷は下呂の山ふところから流れ出る清流。園内には散策路が設けられ、路沿いにしょうぶ池、時計台、雨情の胸像、歌碑などが点在し、せせらぎの音を聞きながら入浴後の散歩をするのにぴったり。春はしだれ桜、夏は水遊び、秋は美しい紅葉が楽しめます。

一泊コース 6 一泊旅の醍醐味は贅沢な朝食ブッフェ

下呂温泉には豪華で美味な朝食バイキングを用意しているホテルがたくさん。中でも「大江戸温泉物語 Premium 下呂新館」はぜひ宿泊したい宿。南飛騨の山河を望むここの温泉はpH10 以上の良泉で、心地よい湯ざわりが評判。洋室タイプのお部屋にも畳スペースがあるのでほっこり。自慢の朝食ブッフェは和も洋も目移りするほど豊富ラインナップです。

季節のフルーツや洋食メニューはもちろん、名物「のっけ丼」やご飯が進む和のメニューもずらり

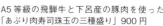

7 駅からすぐに白川郷へ!? 下呂の自然に囲まれた里

「下呂温泉合掌村」は、日本の秘境「白川郷」などから移築した10棟の合掌家屋集落で、日本の原風景を再現した博物館。村内は「合掌の里」と「歳時記の森」の2つで構成され、それぞれに飛騨の生活文化や、飛騨人の素朴な心を感じられます。「合掌の里」は、国重要文化財の「旧大戸家住宅」を中心に集落を再現し、体験施設では、和紙の絵漉きや陶器の絵付け、陶芸体験（要予約）が楽しめます。「歳時記の森」は、桜とモミジの里山で、ふもとには下呂地域の住宅家屋を再現した民家や土蔵、水車小屋、かえる神社も鎮座。また、175メートルの「森の滑り台」は、合掌村の遠望とスリルが堪能できます。

農具や民具などを展示する民俗資料館は、合掌集落の生活文化を身近に体験できる。「歳時記の森」は、春から新緑、紅葉の季節への移ろいを感じることができる

下呂温泉に来たらコチラも！
「げろぷりんソフト」

散策に疲れたら、足湯が併設された「ゆあみ屋」のスイーツを。下呂牛乳や岐阜県産の卵など、材料にこだわったスイーツは大人気です。なかでも、自家製プリンにソフトクリーム、人気の琥珀糖がトッピングされた「げろぷりんソフト」は大人気。

旅まとめ

❶「下呂温泉 醫王霊山 温泉寺」
岐阜県下呂市湯之島 680
☎ 0576-25-2465

❷「OGAWAYA かなれ」
岐阜県下呂市湯之島 570
0576-25-3121
11:00 ～ 17:00
下呂温泉 小川屋に準ずる

❸「下呂温泉 小川屋」
岐阜県下呂市湯之島 570
☎ 0576-25-2118
日帰り湯利用時間
月・金曜 12:00 ～ 19:00
火～木曜 13:00 ～ 19:00
土・日・祝 12:00 ～ 15:00
（利用時間の変更あり）
無休

❹「湯島庵」
岐阜県下呂市湯之島 845
☎ 0576-25-6226
10:00 ～ 17:00（16:45L.O.）
水曜休

❺「湯のまち雨情公園」
岐阜県下呂市森
☎ 0576-24-2222
（下呂市観光課）
無休

●「ゆあみ屋」
岐阜県下呂市湯之島
801 番地 2
9:30 ～ 18:00（変動あり）
不定休

❻「大江戸温泉物語Premium 下呂新館」
岐阜県下呂市森 1781
☎ 050-3615-3456
チェックイン 15:00
チェックアウト 11:00

❼「下呂温泉合掌村」
岐阜県下呂市森 2369 番地
☎ 0576-25-2239
8:30 ～ 17:00（16:30 最終入場、12/31 ～ 1/2 は 9 時～ 16 時）
無休

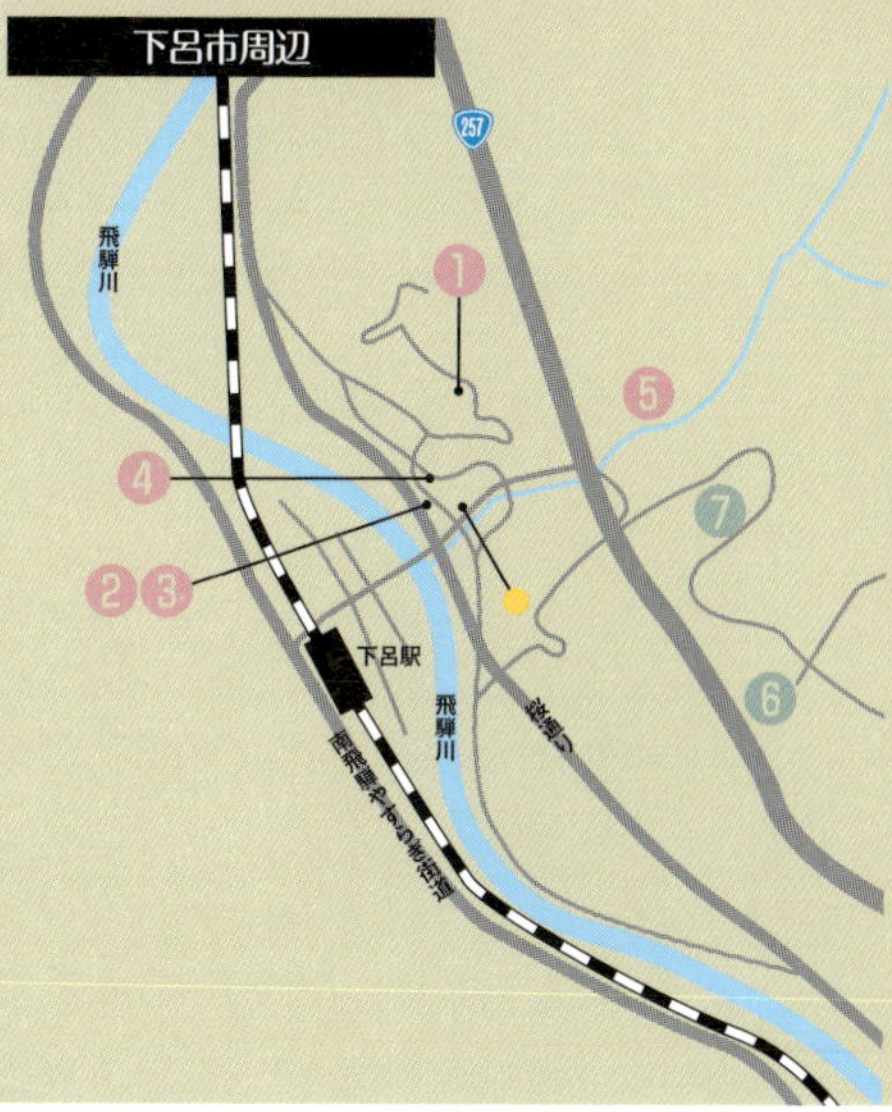

伊勢神宮参拝とグルメ 海に面した大自然を満喫

コレで発散！
日本人の心のふるさと 伊勢神宮で 心を洗い横丁で 食べ歩く！

日本屈指の神宮参拝は もちろんグルメも 大自然も満喫する

「伊勢神宮」や「志摩スペイン村」などで知られる伊勢志摩は、伊勢市・鳥羽市・志摩市・度会郡近辺のエリアを指します。

神社仏閣や観光地が多く、松坂牛などの高級食材が豊富に揃うことでも人気。海に面しているので絶景スポットも多く、広大な景色がたっぷりと満喫できます。

まずは外せない「伊勢神宮」の内宮を参拝し、おはらい町～おかげ横丁を散策。美味を食べ歩いて外宮へ。翌日は美しい海が広がる鳥羽エリアまで足を伸ばせば、水族館や「志摩スペイン村」でたっぷりと遊べます。

コース紹介

日帰りコース
1. 外宮を参拝
2. おかげ横丁で名物コロッケ
3. カキフライを食べながら内宮へ
4. 内宮を参拝
5. おはらい町で松坂牛の手こね寿司
6. 伊勢の名品をお土産に

一泊コース
7. 心まで染み渡る朝粥の名店へ
8. 鳥羽へ移動して海の生き物と触れ合う
9. 世界初の真珠養殖場へ
10. スペインの町で食べて遊ぶ！

アクセス
◆電車：JR参宮線、日本近畿鉄道「伊勢市駅」（外宮）または「五十鈴川駅」（内宮）
◆車：伊勢自動車道「伊勢西IC」

日帰りコース 1

参拝の心得を知って日々の暮らしに感謝する

日本人の「こころのふるさと」と称される「伊勢神宮」。内宮（皇大神宮）や外宮（豊受大神宮）をはじめとした125の宮社から成る、広大なお宮です。お伊勢参りでは外宮→内宮の順に詣でるのが古くからの慣わし。第一鳥居の手前で〝お手水〟をして心身を清め、鳥居をくぐる前には立ち止まって一礼しましょう。また、外宮は左側通行、内宮は右側通行です。樹齢数百年の木々に囲まれて、心静かに巡ってください。

お伊勢参りの玄関口「外宮参道」
写真提供：神宮司庁

二階席から街並みを見ながら、すき焼きなどの本格的な牛肉料理を楽しめる。並んででも食べたい小ぶりの「コロッケ」120円

2 内宮参拝前に「おかげ横丁」で食べ歩き

外宮から内宮への移動は、車で約15分。せっかくなので徒歩で移動したいところですが、体力に自信がなければバスが運行しています。そこで立ち寄りたいのが、レトロな町並みで人気の「おかげ横丁」。ここでぜひ食べたいおすすめは、老舗「豚捨」のコロッケです。創業明治42年の老舗精肉店が提供するコロッケは、サクサクの衣とホクホクのジャガイモの食感。物販コーナーのほか、食事処も併設されています。

3 鳥羽産カキフライを食して内宮へ向かう

鳥羽産の牡蠣フライと地ビールで有名な「伊勢角屋麦酒 内宮前店」は、伊勢志摩のクラフトビールメーカーの直営店。人気のカキフライは、産直の牡蠣を特製のバッター液につけて毎日丁寧に仕込まれています。店内で蒸し牡蠣や焼き牡蠣、牡蠣の燻製を食すのもおすすめ。鳥羽産の新鮮な牡蠣を揚げたフライ串を、タルタルソースたっぷりと付けて楽しんで。

ビール界のオスカー賞と言われる４大会連続金賞実績のあるビールと牡蠣が自慢。「カキフライ串」2粒380円、4粒750円

4 参拝すること自体が"大吉"日本人の氏神様が祀られる「内宮」へ

天照大御神をお祀りする「内宮正宮」写真提供：神宮司庁

なぜ伊勢神宮が"日本人の心のふるさと"と言われるのか。それは、内宮（皇大神宮）に祀られている天照大御神が、皇室の御祖先の神で、私たちの総氏神と考えられているから。五十鈴川のほとりに鎮まる内宮の入口である宇治橋をわたり、玉砂利を敷き詰めた長い参道を進むと神域が。御正宮、荒祭宮、風日祈宮へお参りしましょう。また、神宮の正宮は、公の祈願をお祭りという形で行う場所のため、日頃の感謝を天照大御神に伝えるのが風習です。個人的なお願い事をする場合は、まずは感謝の気持ちを伝えてから。

おはらい町通り沿いにたたずむ、静かで高級感のある店構え「牛手こね寿司」2,500円～。塩とわさび醤油で召し上がれ

5 高級和牛を郷土料理手こね寿司スタイルでいただく

伊勢神宮内宮にある宇治橋前から五十鈴川沿いに約800mにわたり軒を連ねる「おはらい町」。ぜひ立ち寄りたいのが、「牛ステーキおく乃」。創業明治43年から変わらぬ味を守る「奥野屋」の4代目が、高水準の松阪牛などを提供するためにオープン。高級ブランド牛を楽しめるメニューがいくつかあり、中でも伊勢地方南部の郷土料理、手こね寿司のスタイルでいただくのがおすすめ。松阪牛ヒレ、松阪牛ロース、三重県産和牛の三種類から選べ、価格帯も幅広く用意されています。柔らかく脂ののった牛肉を、酢飯でさっぱりと味わってください。

殻と肝が付いた「参宮あわび姿煮」はそのまま食卓で。一子相伝のタレを使用した脹煮もふっくらとしておすすめ

厳選した海・山の幸を、伝承の醤とともに、自然純正の調味法によって仕上げた銘品が揃う

6 ”美(うま)し国“ 伊勢の銘品 あわびを持ち帰る

伊勢神宮のご鎮座後2000年にわたり神前にお供えしている「あわび」。その歴史は古く、朝廷への貢物として、武士の出陣、帰陣の祝いの食物として珍重されていました。「伊勢せきや本店」では、厳選したあわびを伝承の出汁と磯の風味で楽しむ「参宮あわび姿煮」や「あわびごはん」のほか、赤にし貝・魚卵・昆布を、鮮度を保ちながら漬け込んだ「子持しぐれ」などが揃っています。伊勢神宮参拝のお土産にぜひ。

伊勢志摩に来たらコチラも！
「さめのたれ」

古代から伊勢神宮での祭典に欠かすことのできない神饌の一品とされてきた「さめのたれ」。このサメの干物は、ご飯のお供として、酒の肴として伊勢の家庭で重宝されています。これを商品化し店頭での販売を始めたのが、「魚春」。伊勢志摩独特の珍味をぜひお土産に。

一泊コース

7 外宮正門前の名店で 至福の朝かゆをいただく

朝かゆは、アワビや鯛、伊勢海老などから選べ、おかゆのお替りは自由

食の神でもある「豊受大神」を祀る外宮の参道に店を構える「あそらの茶屋」では、朝7時半から絶品の朝かゆが食べられます。こちらで提供される「御饌の朝かゆ」の「饌」とは「食べもの」の意味で、大切なものであることから「御」が付いているそう。お粥のお膳には、伊勢ならではの海や山の幸が配され、お米は、奇跡の稲と称される「イセヒカリ」を使用。外宮を眺めながら、伊勢の滋味に心から癒されてください。

8 ジュゴンやラッコ 伊勢湾に住む生きものに出会える！

日本一の飼育種類数を誇る「鳥羽水族館」。鳥羽駅から徒歩約10分とアクセス良好で、道中にはお土産ショップや飲食店がずらりと並びます。また、希少なラッコのほか、不思議な生きものまで約1200種もの生きものを飼育。中でも、人魚伝説のモデルとされるジュゴンに出会えるのは日本でここだけ。人気のアシカやセイウチのショーも毎日開催しています。

ゆったりと泳ぐジュゴンを観賞できる「人魚の海」ゾーン。「伊勢志摩の海・日本の海」では、伊勢湾に暮らす生きものたちに出会える

伊勢志摩の美しい海が生んだ 世界で愛される真珠

9

世界で初めて養殖真珠が誕生した場所「ミキモト真珠島」。真珠の歴史を知るだけでなく、ショッピングや食事も楽しめるので、鳥羽水族館の帰りに立ち寄るのに最適です。また、かつての海女さんの作業を再現した実演も見どころ。石を磨いたさまざまな宝石とは違い、取り出したときにすでに輝いている真珠は、人類が初めて出会った宝石とも称されています。

厳格に選び抜かれた最高級品質のアコヤ真珠だけが「ミキモトパール」。かつてアコヤ貝の世話をして真珠を育てた海女さんの作業を再現

本格的なスペイン料理を楽しめるレストランやバルも充実。スペインを思わせる街並みをのんびり散策　©S.S.V.

食べて遊んでくつろげる! スペインの街並みを忠実に再現

10

異国情緒あふれる「志摩スペイン村」はスペインの街並みを再現した複合リゾート施設。テーマパークの「パルケエスパーニャ」と「ホテル志摩スペイン村」、伊勢志摩温泉「ひまわり湯」の3つのエリアで構成されています。ジェットコースターからスペイン人ダンサーたちによる情熱的なフラメンコショー、もちろん本格スペイン料理まで、たっぷりと楽しめます。ゴールデンウィーク、夏休み期間のナイター営業日以外であれば、14時以降に入園すると割引が受けられる「アフタヌーンパスポート」がおすすめ。

旅まとめ

①「伊勢神宮 外宮」
三重県伊勢市豊川町 279

④「伊勢神宮　内宮」
三重県伊勢市宇治館町 1
☎ 0596-24-1111（神宮司庁）
1～4月・9月 5:00～18:00
5～8月 5:00～19:00
10～12月 5:00～17:00
無休

②「豚捨」
三重県伊勢市宇治中之切町 52
☎ 0596-23-8803
9:30～17:00
（季節によって異なる）
無休

③「伊勢角屋麦酒 内宮前店」
三重県伊勢市宇治今在家町
東賀集楽 34
☎ 0596-23-8773
店頭 10：10～17：00
店内 11：00～17：00
（16：30L.O.）
※季節によって異なる
無休

●「魚春」
三重県伊勢市宇治中之切町 49
☎ 0596-22-4885
9:30～17:00
（季節によって異なる）
水曜休（祝日の場合は翌日）

⑤「牛ステーキおく乃」
三重県伊勢市宇治今在家町 18
☎ 0596-22-2589
11:00～16:00
無休

⑥「伊勢せきや 本店」
三重県伊勢市本町 13-7
（外宮表参道）
☎ 0596-23-3141
8:30～17:00
年中無休

⑦「あそらの茶屋」
外宮表参道　伊勢せきや本店2F
☎ 0596-65-6111
モーニング 7:30～10:00L.O.
ランチ 11:00～14:30L.O.
水曜休

⑧「鳥羽水族館」
〒 517-8517 鳥羽市鳥羽
3丁目3-6
☎ 0599-25-2555
9:30～17:00
（8月1日～8月31日は
9:00～17:30）
※時期により変動あり
※最終入館は閉館1時間前

⑨「ミキモト真珠島」
鳥羽市鳥羽市鳥羽 1-7-1
☎ 0599-25-2028
9:30～17:00
（季節によって異なる）
12月第2火曜から3日間休

⑩「志摩スペイン村」
三重県志摩市磯部町坂崎
☎ 0599-57-3333
9:30～17:00
（季節・曜日によって異なる）
不定休（要問合せ）

近畿地方

兵庫
神　戸
P.72

・レトロな洋食店で食す
名物とんかつを特製ソースで
・京の町屋をイメージした湯宿で有馬の名湯を
・神戸港の開港で誕生した日本三大中華街を散策
・中華街といえば食べ歩き！
トンポーローはぜひ食べて
・光と緑に包まれた空間でこだわりのモーニング
・歴史に思いをはせながら
洋風建築を愛でる
・縁結びや恋愛成就に！
境内にはパワースポットも
・裏路地にある超名店で
リーズナブルな絶品ステーキを
・シンボリックな建築が目を引く海辺のスポット

京都
中京／東山
P.76

・京の守り神「祇園さん」で
四季折々の自然と行事に触れる
・出汁とスパイスが染みる
舞妓さんも贔屓にするうどん店
・ユネスコ世界文化遺産
「古都京都の文化財」の寺院
・名料亭が構えた〝小さな台所〟で本物の朝食を
・多くの重要文化財が存在する浄土宗の総本山
・国の史跡に指定される京都でも類を見ない
城跡「元離宮二条城」
・京の四季折々の絶景を大満喫できる貴族の別荘地
・国産黒毛和牛のすき焼きをリーズナブルに

大阪
中央／天王寺
P.80

・着いたら直行したい府民が愛するふわふわお好み焼き
・たこ焼きを食べるなら生地にこだわる難波の名店
・1人でも十分楽しめるワールドクラスのテーマパーク
・"粉もん" 以外の名物串かつを食べに新世界へ
・肉うどんのうどん抜き!? B級グルメで朝ごはん
・「聖徳太子建立七寺」のひとつ「四天王寺」へ
・鶴橋駅西改札口から10秒! 高級店に負けない焼肉を
・安土桃山時代に建てられた大阪のシンボル
・昭和風情が残るガード下で名店の味を

滋賀
大津／彦根
P.84

・山頂に広がるリゾートで息をのむ絶景を
・国宝的人材育成の道場であり世界平和を祈る寺院
・輝く黄金だしと大盛野菜にこだわる彦根発祥の「和」の一杯
・彦根城へ行く前に江戸の城下町で極上牛を
・日本名城100選にも選ばれた"ひこにゃん"に会える城
・女性に大人気の滋賀名物濃厚バターが香るオムライス
・王室や将軍家から崇敬を受ける近江の中心に祀られた守護神

奈良
生駒／春日野町
P.88

・「法隆寺」の門前で奈良伝統の味をいただく
・聖徳総本山! 日本独特の建築様式に触れる
・平和と繁栄を祈る祭が年間2200回以上の神社
・旧市街地のどこか懐かしい洋食店
・"旨味"と"濃厚さ"が広がるがっつり系のスタミナラーメン
・奈良に来たならやはりニホンジカに会いに行く
・奈良らしい眺望を独り占め 標高342mの若草山へ
・行列ができるお好み焼き店で出汁香る明石焼きを

有馬温泉に生田神社で縁結び おしゃれな港町グルメも満喫!

コレで発散!
名湯で整えて グルメをめぐり 異国情緒に触れる

異国情緒が漂う国際都市神戸は、利便性の高い都市としての機能と豊かな自然を兼ね備えた多様性のある町として人気です。昔から港町として栄えてきたため、多くの外国文化が散りばめられた異国情緒あふれる雰囲気は、国内海外を問わず多くの観光客から愛されています。

北野の異人館街や南京町、ベイエリアの美しい海岸線が観光地として有名で、中でも秀吉ゆかりの有馬温泉は日本最古といわれる歴史ある温泉。もちろん神戸牛をはじめとした豊かな美味も満載です。

コース紹介

日帰りコース

1 三宮の欧風料理店で名物のとんかつを
2 有馬温泉で金泉・銀泉に浸かる
3 神戸の街を感じながら南京町へ
4 南京町を食べ歩く

一泊コース

5 朝食はおしゃれダイニングで
6 北野異人館街を散策
7 縁結びの神様「生田神社」を参拝
8 生きているうちに食べたい絶品ステーキ!
9 元町へ移動してメリケンパーク

アクセス
◆電車：阪急電鉄「神戸三宮駅」、地下鉄西神・山手線、神戸新交通ポートアイランド線「三宮駅」、JR 東海道本線「三ノ宮駅」
◆車：阪神高速3号神戸線「生田川IC」、「布引IC」

日帰りコース 1

レトロな洋食店で食す名物とんかつを特製ソースで

三宮の生田ロードにある1936年創業の「欧風料理 もん」。落ち着いた雰囲気のここは、レアに焼き上げられた神戸牛のカツレツのほか、生卵と大根おろしで食べるすき焼きなどが名物。特におすすめしたいのが「名物とんかつ」。一口サイズにカットされたカツは驚くほど柔らかく、大人気の一品です。1階にはカウンターもあるので、おひとり様でも気軽に名店の味を楽しめます。

特製ソースをたっぷりとつけて食べる「名物とんかつ」1,820円

2 京の町屋をイメージした湯宿で有馬の名物湯を

秀吉も愛した関西の奥座敷「有馬温泉」は、日本三古泉・日本三名泉の両方に数えられる日本で唯一の温泉。泉質は、鉄分と塩分を含む褐色の有馬の名物湯「金泉」と、お肌がつるつるになると人気の「銀泉」です。この2つの温泉を日帰りで楽しめるのが、「湯屋の宿 康貴」。金泉を隣接する有明泉源より直接引いているため、新鮮で泉質も良く湯治効果も高いと評判の湯宿です。

内湯の「一の湯」。入浴のみの立ち寄り湯は 1,300 円。メイン通りから５分ほどに位置する、特徴的な造りの湯宿

3 神戸港の開港で誕生した日本三大中華街を散策

横浜、長崎と並ぶ、日本三大中華街にあげられる南京町。100軒以上の中華料理店をはじめ、食材店や雑貨店など多彩な店舗がずらり。昭和初期から"関西の台所"として親しまれるここは、異国情緒あふれ、神戸の観光スポットとして愛されています。点心を頬張りながらの食べ歩きはもちろん、珍しいものを求めてショッピングするのも楽しい、誰もが必ず立ち寄る観光スポットです。

南京町では、旧暦のお正月を祝う「春節祭」や「中秋節」など、さまざまな年中行事が行われる

4 中華街といえば食べ歩き！トンポーローはぜひ食べて

南京町に来たら、やはり中華の食べ歩き。小籠包やトンポーロー、ビーフンなどの定番はぜひ味わいたいもの。おすすめは「長城飯店」のトンポーロー。中国の皮付きの角煮は柔らかくジューシーで、甘いタレと脂が美味。特にモチモチの皮は絶品です。

"また食べたい"と多くのファンを魅了するトンポーロー

神戸に来たらコチラも！

「チーズケーキ」

美味しいものが集う神戸は、チーズケーキ激戦区。中でもフランス本場の味が楽しめる「パティスリー モンプリュ本店」で提供する濃厚なチーズケーキ「タルトフロマージュ」はワインにも合うと大好評。ゴルゴンゾーラの風味とサクサクタルト生地の相性は抜群です。

一泊コース

5 光と緑に包まれた空間でこだわりのモーニング

大人の隠れ家のような、スタイリッシュな雰囲気が好評

モーニングの「厚焼き玉子とクリームチーズのサンドイッチ」950円

北野坂にある「dining social」は、旬の野菜や自家製食材をシーンに合わせて楽しめるカフェ。モーニングならスープとドリンクも付く「厚焼き玉子とクリームチーズのサンドイッチ」がおすすめ。ふわふわのパンとクリームチーズ入りのリッチな玉子焼きのボリュームが、1日の始まりにぴったり。本格的なランチメニューも、豊富なスイーツが揃うティータイムも大人気です。

6 歴史に思いをはせながら洋風建築を愛でる

1868年の神戸港開港当時、外国人居留地として発展した「神戸北野異人館街」は、故国を離れた外国人たちが、海の見える高台に邸宅を構えて誕生した街。約30棟の洋風建築物が建ち並び、優しく歩道を照らすガス灯や明治時代の生活を感じさせる洋館が、北野独自の洋風文化を彩ります。オリジナル香水作りや、フランスの調度品の展示など、楽しみ方もさまざまです。

神戸異人館としての代表的な建築様式の「洋館長屋」。1階はガラス工芸品や家具調度品を楽しめる。コロニアル様式が美しい「英国館」は、イングリッシュガーデンやシャーロックホームズの部屋が人気

7 縁結びや恋愛成就に！境内にはパワースポットも

地名神戸の発祥地で、神功皇后創建と伝えられる

縁結びで有名な「生田神社」。1800年以上の歴史があり、参拝者が後を絶ちません。806年に神様のお世話をする家「神戸」が作られ、それが〝神戸〟の地名の由来だそう。境内には源平合戦の舞台にもなった「生田の森」があり、樹齢数百年のクスノキの幹に触れて気をいただく参拝客も多く、都心部のパワースポットにもなっています。

“神戸の魅力は人である”という思いを集約した「BE KOBE」。夜はライトアップが美しいナイトスポットに

8 裏路地にある超名店でリーズナブルな絶品ステーキ

余分な脂を落とすため、炭火で丁寧に焼かれたステーキが自慢の「炭火焼ステーキの店 not's」では、オーナーが厳選した肉の旨味を最大限に引き出します。とろける王道のサーロインはもちろん、女性に人気のフィレもおすすめ。別添えのソースは4種類から選べるので好みに合わせて楽しめます。バーのようなかわいらしい店内は入りやすく、価格も親切なので女性ひとりでも安心。

ソースは和風、ワサビ醤油、醤油マスタード、ニンニク醤油の４種類

9 シンボリックな建築が目を引く海辺のスポット

神戸を代表するフォトジェニックなランドマークが揃う「メリケンパーク」。潮風を感じながら海沿いをゆったり散策したり夜景を鑑賞したりと、一日中港町らしさを味わえるスポットです。「神戸ポートタワー」の最上階からは神戸港と市街地、六甲山系の大パノラマが望めます。また、阪神淡路大震災によって被災したメリケン波止場の一部がそのままの状態で保存された「神戸港震災メモリアルパーク」など、見所も満載です。

旅まとめ

1 「欧風料理 もん」
兵庫県神戸市中央区北長狭通2-12-12
☎ 078-331-0372
11:00 ～ 20:30L.O.
月休（変動あり）

2 「湯屋の宿 康貴」
兵庫県神戸市北区有馬町 1401
☎ 078-903-0221
9:30 ～ 16:00
（日帰り湯は～ 18:00）
月・火曜休

3 「南京町」
兵庫県神戸市中央区栄町通１丁目３－１８
☎ 078-332-2896
店舗によって異なる

4 「長城飯店」
兵庫県神戸市中央区元町通1-1-8
☎ 078-392-0887
11:00 ～ 21:30(21:00L.O.)
月曜休

● 「パティスリー モンプリュ 本店」
兵庫県神戸市中央区海岸通3-1-17
☎ 078-321-1048
10:00 ～ 18:00
火曜休

5 「dining social」
兵庫県中央区山本通1-7-15 東洋ハイツ１Ｆ
☎ 078-585-6488
モーニング 9：30 ～ 10：20L.O.
ランチ 11：30 ～ 14：00
カフェ 14：00 ～ 17：30
金曜休

6 「北野異人館街」
神戸市中央区北野町3丁目10-20（北野観光協議会）
☎ 078-251-8360

7 「生田神社」
兵庫県神戸市中央区下山手通1-2-1
☎ 078-321-3851
7:00 ～日没
無休

8 「炭火焼きステーキの店 not's」
兵庫県神戸市中央区北長狭通1-20-9　館ビル１Ｆ
☎ 078-321-1882
17:00 ～ 22:00
月曜休

9 「メリケンパーク」
兵庫県神戸市中央区波止場町２
☎ 078-321-0085
（平日 9:00 ～ 17:00）

上：株式会社グラフィック　下：(c) 京都市メディア支援センター

定番スポットの寺社仏閣と老舗グルメ＆食べ歩き

コレで発散！
市場で食べ歩いて
国宝寺院で心を洗い
老舗グルメで
満たされる！

世界中の人々を惹きつける日本の伝統が詰まった古都

歴史ある神社仏閣や情緒ある街並み、独特の食文化などが交わる〝千年の都〟京都。794年、桓武天皇が平安京に遷都したことに始まるこの古都に点在する寺社仏閣は、ユネスコの世界遺産に登録されています。

外国人観光客にとっても魅力的な観光スポットで、道行く舞妓さんの姿や祇園祭り、季節ごとに変わる景勝地や伝統的な文化体験は、日本の魅力を改めて感じさせます。また、和食の宝庫としても名高く、老舗はもちろん食べ歩きなど、京都ならではのグルメも満載です。

コース紹介

日帰りコース

❶ 祇園信仰神社の総本山へ
❷ 舞妓さんにも愛されるカレーうどん
❸ 堂塔伽藍が建ち並ぶ清水寺へ
❹ 無肥料・無農薬野菜であたたかな食事を

一泊コース

❺ 浄土宗の総本山「知恩院」
❻ 国宝「二条城」を訪れる
❼ 竹林の小路が美しい嵐山へ
❽ 大正ロマンを感じる牛鍋を堪能

アクセス
◆電車：JR 西日本、JR 東海、近畿日本鉄道、京都市営地下鉄「名古屋駅」
◆車：名神高速道路「京都東 IC」

日帰りコース

1 京の守り神「祇園さん」で四季折々の自然と行事に触れる

千年以上続く日本三大祭のひとつ「祇園祭」で名高い「八坂神社」は、厄除けや疫病退散、商売繁昌のご利益があるとされています。また、本殿や社殿・建物は国宝・重要文化財で、全国にある八坂神社や素戔嗚尊を祀る約2300社の総本社にあたる神社です。春は円山公園の祇園枝垂桜、夏は祇園祭、秋の紅葉など、京都のメインストリート付近にありながら、豊かな自然を残し、季節ごとに風景と祭礼で姿を変える神社です。

平安京遷都以前より鎮座する古社で、「祇園さん」と呼ばれ親しまれている

2 出汁とスパイスが染みる舞妓さんも贔屓にするうどん店

深夜まで営業し、さまざまな著名人からも愛されるカレーうどんの名店「京都祇園　おかる」。多くの人で賑わう祇園四条駅から歩いてすぐの場所に位置し、店内に足を踏み入れると数えきれないほどのサイン色紙が飾られています。ここの人気メニューは鯖とウルメ、かつお、昆布などから取った出汁が効いたうどん。その出汁とスパイスが調和したカレーうどんは絶品です。

種類豊富なうどんメニューのほか、丼やそば、甘味など幅広いラインナップ。一番人気の「チーズ肉カレーうどん」1,220円

3 ユネスコ世界文化遺産「古都京都の文化財」の寺院

豊かな自然に恵まれた、四季折々の伽藍の風景は圧巻。清水寺の御本尊は、「十一面千手観世音菩薩」　提供　清水寺

清水の舞台で知られる「音羽山清水寺」の開創は778年。音羽山の中腹に広がる13万平方メートルの境内には、国宝と重要文化財を含む30以上の堂塔伽藍が建ち並びます。見どころは、清水の舞台がある本堂以外にも、鮮やかな朱色が美しい仁王門、国内最大級の三重塔のほか、恋愛成就のご利益もある音羽の滝など。また、秋の紅葉も見事で、ヤマモミジが赤や黄、オレンジなどに色づきます。

4 名料亭が構えた〝小さな台所〟であたたかな食卓を

京都三条通白川橋のほとりにたたずむ、「小さな真心」という意味と、丹後半島で作られる本当にいいものを紹介したいという思いが込められた「丹」。食材には、農薬不使用の自然農法で作られた野菜や、京丹後・久美浜市野々の自家製米を使用しています。昼食ではオリジナルの丼物や麺類をゆったりと。夕食は丹後産の地酒やクラフトビールを飲みながら、季節の食材を使ったお料理に舌鼓を。また、二部制の朝食も好評です。

自然農法で作られる野菜は、本来の甘みとコク深い味を感じられる。野菜のお味噌汁や卵とじが付いた「丹の山椒たっぷり牛丼」

一泊コース 5

多くの重要文化財が存在する浄土宗の総本山

法然上人のご尊像を安置する「知恩院」には、国宝・三門や勢至堂などのほか、友禅苑や方丈庭園など、四季折々の風景が楽しめます。御影堂の内部の仏具は金装飾に彩られた荘厳な造り。また、秋の特別公開か「ミッドナイト念仏」でのみ登ることができる三門は日本最大級の規模を誇る木造門で、祇園エリア一帯を一望。さらに友禅苑は枯山水の庭園で構成された昭和の名園で、特に秋の紅葉は見事です。800年以上の歴史を誇る、浄土宗の総本山で心を休めてください。

※勢至堂は2024年11月現在修理工事中

高さ 24m、横幅 50m、屋根瓦約７万枚。日本最大級の木造の門「三門」。「大殿」とも呼ばれる「御影堂」は、お念仏の根本道場として多くの参拝者を受け入れてきた

6

国の史跡に指定される京都でも類を見ない城跡「元離宮二条城」

神社仏閣の文化財が多い京都の中で、「元離宮二条城」は武家の象徴である城郭の跡です。世界遺産に登録されたこの史跡は、１６０３年に徳川家康が京の宿所として造営し、3代将軍・家光の時代に完成しました。見どころは障壁画や、唐門、6棟からなる国宝「二の丸御殿」。また、「二の丸庭園」は国の特別名勝に指定され、その他１０１６枚襖絵や「本丸御殿」などが重要文化財として保存されています。

城の中心にあたる区画の「本丸御殿」。江戸初期に完成したとされる「二の丸御殿」は全６棟の建物からなる
提供：元離宮二条城事務所

京都に来たらコチラも！

「京七味」

七味とうがらしは、江戸時代の初期に京都へ伝わり、清水寺門前から広まりました。同じく清水寺門前の産寧坂から始まった「おちゃのこさいさい」の商品ラインナップは、辛さもいろいろ。みずみずしく香る山椒が決め手の七味とうがらしは、京土産にぴったりです。

昭和3年創業のすき焼きの名店。黒毛和牛すき焼き3,100円～。基本のセットはお肉とあしらい、玉子、ご飯

亀山上皇が「くまなき月の渡るに似る」と言ったことから命名された「渡月橋」。渡月橋より北西に広がる「竹林の小径」
「竹林の小径」(c) 京都市メディア支援センター
「渡月橋と桜」株式会社グラフィック

7 京の四季折々の絶景を大満喫できる貴族の別荘地

京都を代表する景勝地といえば、桜や紅葉の名所、屋形船や鵜飼で名高い「嵐山」。平安時代の貴族たちの別荘地として好まれ、シンボルの「渡月橋」や青竹が美しい「竹林の道」といった定番スポットは必見です。また、「嵐山モンキーパーク いわたやま」には野生のニホンザルが生息。絶景を眺めながら登るハイキングコースとしても最適です。料亭や旅館で名物の豆腐料理をいただくのもおすすめ。

8 国産黒毛和牛のすき焼きをリーズナブルに

安くて美味しいすき焼き専門店として、昭和の初めから営業している「キムラ」。和牛高級品を使用しているにも関わらず、価格はリーズナブル。店内は1名でももちろん、100名まで入れる広いお座敷や個室が用意されているので、宴会などにも気軽に利用できると大人気です。ランチなら2200円～楽しめるのも魅力。

旅まとめ

1 「八坂神社」
京都市東山区祇園町北側 625
☎ 075-561-6155（社務所）
無休

2 「京都祇園 おかる」
京都市東山区八坂新地富永町 132
☎ 075-541-1001
ランチ 11:00 ～ 15:00
ディナー 17:00 ～ 2:30
（金・土曜は～ 3:00、
日曜はランチのみ）　不定休

3 「音羽山 清水寺」
京都市東山区清水 1 丁目 294
☎ 075-551-1234
6:00 ～ 18:00
（季節により変動あり）
無休

4 「丹」
京都市東山区五軒町 106-13
三条通り白川橋下ル東側
☎ 075-533-7744
朝食 8:00 ～ 9:00 ～（2 部制）
昼食 12:00 ～ 14:30（14:00L.O.）
夕食 18:00 ～ 22:00（21:00 L.O.）
月曜休（祝日の場合は翌日火曜）
※月に 1 回不定休有り

5 「浄土宗総本山知恩院」
京都市東山区林下町 400
☎ 075-531-2111
9:00 ～ 16:00
無休

6 「元離宮二条城」
京都市中京区二条通堀川西入
二条城町 541
☎ 075-841-0096
8:45 ～ 16:00
12 月 29 日～ 31 日休

7 「嵐山」エリア
☎ 075-213-1717
（京都市観光協会）
9:00 ～ 17:00
土日祝日・年末年始休

8 「キムラすき焼店」
京都市中京区寺町通四条上る
大文字町 300
☎ 075-231-0002
12:00 ～ 21:00
月曜休（祝日の場合は翌日）

● 「おちゃのこさいさい
産寧坂本店」
京都市東山区清水三丁目 316-4
☎ 0120-831-314
10:00 ～ 18:00
無休

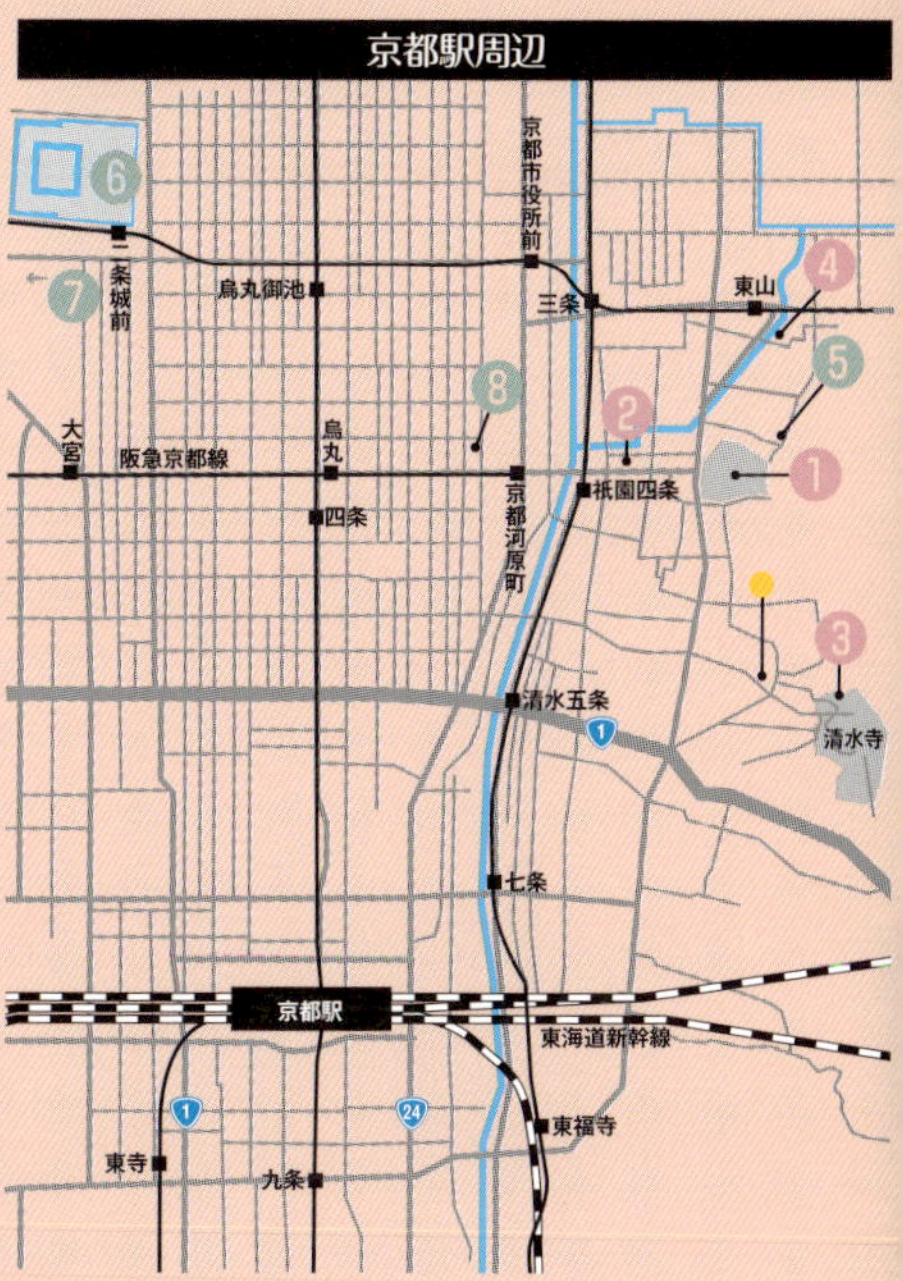

粉ものだけじゃない！思い切って世界的テーマパークへ

人情味あふれるご当地グルメと世界的テーマパークを満喫！

コレで発散！
名物を食べつくしてユニバーサル・スタジオ・ジャパン

大都市でありながらどこか温かみを感じる大阪には、ご当地グルメのほか、世界を代表するテーマパーク、国宝や重要文化財などが勢ぞろい。たこ焼きやお好み焼きなどの〝粉もん〟はもちろん、〝二度漬け禁止〟の串揚げや肉吸いなど、独自の食文化がいたるところで楽しめます。

また「大阪城」や「四天王寺」では日本の歴史を、さらに鶴橋界隈に足を運べば戦後レトロが体感できます。なにより、〝ユニバ〟こと、「ユニバーサル・スタジオ・ジャパン」は外せません。リアルに再現された映画の世界をたっぷりと楽しんでください。

アクセス
◆電車：JR東海道・山陽新幹線、JR東海道本線、大阪市営地下鉄御堂筋線「新大阪駅」
◆車：名神高速道路「豊中IC」

コース紹介

日帰りコース

1. 着いたらまずはお好み焼き
2. さらに名物のたこ焼きを堪能
3. いざ！「ユニバーサル・スタジオ・ジャパン」へ！
4. 新世界で串かつ＆どて焼きを食す

一泊コース

5. 肉吸いの名店で朝食を
6. 日本最古のお寺を参拝
7. 焼肉を食べるなら鶴橋へ
8. 安土桃山時代に建てられた大阪のシンボルへ
9. 東京進出のお好み焼きを本店で

日帰りコース 1

着いたら直行したい府民が愛するふわふわお好み焼き

新大阪についたら、まずは定番の〝粉もん〟から。駅直結の「めっせ熊 新大阪店」には、たこ焼きはもちろん、お好み焼きや鉄板焼そば、ネギ焼きなど、大阪感満載のメニューが揃います。中でも九条ねぎと甘辛く煮込んだとろとろ牛すじを豚玉にどっさり乗せた「元祖ねぎおこ」は、メディアで紹介された人気メニュー。昼から夜まで営業しているので、使い勝手も抜群の一軒です。

たっぷりのネギと甘辛い牛すじを、豚玉お好み焼きに乗せた「元祖ねぎおこ」1,265円

圧倒的なスケールと徹底した細部へのこだわりで再現した壮大なエリア「ウィザーディング・ワールド・オブ・ハリー・ポッター」。

画像提供：ユニバーサル・スタジオ・ジャパン

3 1人でも十分楽しめるワールドクラスのテーマパーク

大阪と言えば、「ユニバーサル・スタジオ・ジャパン」！　開業以来大阪の定番観光スポットとして不動の地位を築き上げています。ハリウッド映画に関連したアトラクションや、人気キャラクターのショーなどが人気で、パーク内は10個のエリアで構成。『スーパー・ニンテンドー・ワールド』や『ミニオン・パーク』、NYの街並みを感じられるエリアなど、年齢を問わず楽しめます。ハリウッドの壮大な世界観を独り占めで満喫してください。

4 "粉もん"以外の名物 元祖串かつを食べに新世界へ

昭和4年創業という老舗串かつ発祥のお店ともいわれる「だるま」は新世界の中心地に位置します。サクサクに揚げられた串かつはどれも絶品で、少しモチっとした衣が特長。濃い褐色の秘伝ソースにしっかりとつけて味わってください。もちろん、二度づけは禁止。本店限定の「漬けマグロ」や大阪名物の「どて焼き」と一緒に、ジャンジャン横丁で大阪気分を味わってください。

ソースの中に"ドバッ"っとつけて食べるのが、だるま流。二度づけは禁止

2 たこ焼きを食べるなら生地にこだわる難波の名店

芸人や観光客でにぎわいを見せる「わなか」のルーツは、菓子屋の軒先。千日前に移転後の現在は、日々行列を作る人気店となりました。美味しさの秘密は、きめ細やかな小麦粉と、程よい出汁で調整された生地。また薬味に使われる生姜はこだわりの塩ショウガ、たこ、ねぎ、天かすの食感のバランスは最高。外カリッ、中とろのたこ焼きを特製ソースでお召し上がりください。

4種類の味付けから選べる「たこ焼 8個入り」600円

大阪に来たらコチラも！

「いか焼き」

東京でいか焼きといえば姿焼きですが、大阪ではイカを練り合わせた生地を焼いたもの。香ばしいソースといかの香りが食欲をそそります。おすすめは、1日約1万枚を売り上げる阪神梅田本店の「阪神名物　いか焼き」。シンプルでありながら絶品のソウルフードをぜひ。

一泊コース

5 肉うどんの うどん抜き!? B級グルメで朝ごはん

難波千日前に店を構える「千とせ」は大阪ご当地グルメのひとつ"肉吸い"発祥の店。元々は肉うどんのおいしい店として、芸人たちにも愛されていました。"肉吸い"とは、肉うどんの、うどんの代わりに半熟卵を加えたもの。かつおとうるめのブレンドベースのシンプルな出汁に、少し甘めのたっぷり牛肉と、半熟卵、刻んだ青ネギを一緒にいただきます。豆腐を追加しても◎。

芸人が「肉うどん、うどん抜きで」と注文したのがきっかけで生まれた「肉吸い」

6 「聖徳太子建立七寺」のひとつ「四天王寺」へ

1400年以上も前、593年に建立された「四天王寺」は、奈良の「飛鳥寺」と並ぶ日本最古のお寺。聖徳太子が自ら四天王像を彫り、これを安置するために建てられた寺院で、日本では最も古い建築様式の一つです。「四天王寺式伽藍配置」が特徴で、南から北へと中門・五重塔・金堂・講堂が直線に並び、その周りに回廊が建てられています。国宝や重要文化財を見学できる宝物館や美しい日本庭園で、歴史と文化を感じてください。

敷地の面積 33,000 坪ある境内には、多くの歴史建造物が建ち並ぶ

7 鶴橋駅西改札口から10秒! 高級店に負けない焼肉を

タレやスープ、キムチもすべてが手作りの「焼肉 白雲台」。創業50年のここは、焼肉と韓国宮廷料理が自慢で、お肉は厳選された黒毛和牛がメインで、朝さばく新鮮なホルモンも人気。また、リブロースを使用した「炙りユッケ」や、手練りの麺とじっくり仕込んだスープ、自家製キムチが三位一体となった「特製手打ち冷麺」もおすすめです。

自家製キムチにナムル。サンチュなどが付いた「厚切りハラミ定食」1,400 円

8

安土桃山時代に建てられた大阪のシンボル

地上 55m、5 層 8 階。緑青の屋根に淡いピンクの桜が映える

豊臣秀吉によって1583年に築造が開始された「大阪城」。城の本丸の中で最も中心となる「天守」は、その2年後に完成しました。豊臣家の滅亡とともに焼失したものの、徳川時代に再建。しかし再び焼失と、大阪城は天守のないまま266年を過ごしました。1931年に市民の寄付により蘇ったのが、現在の天守閣です。屋根の鯱、勾欄下の伏虎などの至る所に施された黄金の装飾と、展望台から見渡す景色は必見。

9

昭和風情が残るガード下で名店の味を

1954年開業の新梅田食道街にある行列の絶えない名店として人気を誇る「お好み焼 きじ」は、柔らかい生地が自慢。こだわりは、奇をてらった創意工夫より、シンプルな〝お好み焼き屋〟としての在り方だそう。鉄板をはさんでのやり取りや〝おまけ〟などが、大阪感を倍増させ、味のエッセンスに。ボリューム満点の「もだん焼き」は食べ応え抜群で、さまざまなトッピングも人気の秘密。

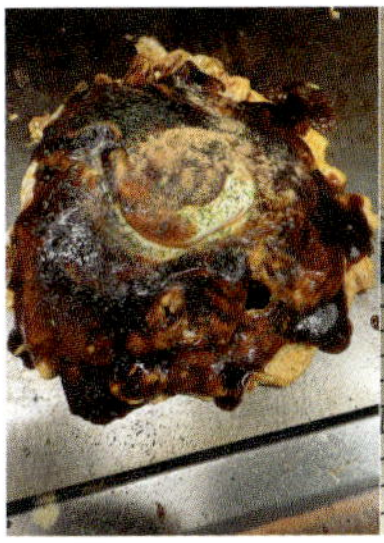

大阪駅すぐそばのガード下にある、ディープな店構え。「豚たま」950円、「モダン焼き」1,100円

旅まとめ

1 「めっせ熊 新大阪店」
大阪市淀川区西中島 5-16-1
JR 新大阪駅 1F 味の小路内
☎ 050-5592-6257
11:00 ～ 23:00
年末年始休

2 「たこ焼道楽 わなか 千日前本店」
大阪市中央区難波千日前
11:00 ～ 19:00
☎ 06-6631-0127
10:00～21:00(土日祝日は9:30～)
無休

3 「ユニバーサル・スタジオ・ジャパン」
大阪市此花区桜島 2-1-33
☎ 0570-20-0606
日によって異なる　無休

4 「串カツだるま　新世界総本店」
大阪市浪速区恵美須東 2-3-9
☎ 06-6645-7056
11:00 ～ 22:00L.O.
無休

● 「阪神名物 いか焼き」
大阪市北区梅田 1 -13-13
阪神梅田本店
地下 1 階スナックパーク
☎ 06-6345-1201
10:00 ～ 22:00（21:30L.O.）
不定休

5 「千とせ 本店」
大阪市中央区難波千日前 8-1
10:30 ～ 14:30
（売り切れ次第終了）
火曜休

6 「和宗総本山 四天王寺」
大阪市天王寺区四天王寺
1-11-18
☎ 06-6771-0066
4 ～ 9 月 8:30 ～ 16:30
10 ～ 3 月 8:30 ～ 16:00
無休（10 ～ 3 月は毎月 21 日）

7 「焼肉 白雲台 鶴橋駅前店」
大阪市天王寺区下味原町 5-26
☎ 06-6774-4129
ランチ 11:30 ～ 14:30L.O.
ディナー 17:00 ～ 21:00L.O.
（金・土・祝前日は～ 21:30L.O.）
火曜休

8 「大阪城天守閣」
大阪市中央区大阪城 1-1
☎ 06-6941-3044
9:00 ～ 16:30 最終入館
（季節によって異なる）
12/28 ～ 1/1 休

9 「お好み焼 きじ 本店」
大阪市北区角田町 9-20
新梅田食道街 2F
☎ 06-6361-5804
11:30 ～ 21:30
日曜、盆・年末年始休

日本最大の湖からの絶景と国宝の城&極上和牛

コレで発散！
圧巻の琵琶湖に驚愕して日本一の山を崇める

日本最大の琵琶湖と奥深い歴史と文化を体感する

県土の約6分の1を占める日本最大の琵琶湖を抱える滋賀県は、風光明媚な景色に富んでいます。また、歴史ある寺院や奥深い歴史や文化が守られています。

湖西エリアには、比良の山並みと紺碧の琵琶湖が望め、白鬚神社をはじめ棚田など、滋賀を代表する名勝・景勝地の数々が点在。湖東エリアには彦根城、城下町を再現した「夢京橋キャッスルロード」が。さらに大津エリアには、比良、比叡の連山を背に、延暦寺、三井寺、西教寺の天台三総本山が。もちろん滋賀県が誇るブランド牛「近江牛」や、彦根市発の「近江ちゃんぽん」など、美味もそろっています。

コース紹介

日帰りコース

❶ロープウェイで琵琶湖へ ▶
❷天台宗の総本山を散策 ▶
❸大津で彦根生まれのちゃんぽんを ▶

一泊コース

❹近江牛を江戸時代から守られた味で ▶
❺日本の名城100選にも選ばれる彦根城 ▶
❻彦根で知らない人は居ない!?ご当地グルメ ▶
❼"八幡さま"として親しまれる「日牟禮八幡宮」

アクセス
◆電車：JR 湖西線「志賀駅」、JR 琵琶湖線・近江鉄道本線「彦根駅」
◆車：国道 161 号琵琶湖西縦貫道路（湖西道路）「志賀 IC」、名神高速道路「彦根 IC」

日帰りコース

1 山頂に広がるリゾートで息をのむ絶景を

「志賀駅」からバスで「びわ湖バレイ前」下車。ロープウェイで山頂へ。「山頂駅」から続く広大なテラスエリア「The Main」。「Terrace Café」などで食事も可能

全面ガラス張りのロープウェイで山頂に降り立つと、北から南まで琵琶湖を一望。標高1，100mに位置する「びわ湖テラス」には、「Grand Terrace」と「North Terrace」があり、それぞれに水盤とウッドデッキが。また天候に恵まれれば、山頂駅からリフトを乗り継いで蓬莱山山頂に行けるかもしれません。そこには大きなウッドデッキから大パノラマで絶景を楽しめる「Café 360」が。ランチやカフェをリラックスしながら楽しむのに最適なスポットです。

2 国宝的人材育成の道場であり世界平和を祈る寺院

塔の上層部に仏舎利と法華経が安置されている「法華総持院東棟」。消えずの法灯とも言われる根本中堂内陣にある「不滅の法灯」
写真提供：延暦寺

各宗各派の祖師高僧を輩出し、日本仏教の母山と仰がれる「比叡山延暦寺」。比叡山は、東に琵琶湖、西には京都の町並を一望できる景勝の地。1200年の歴史と伝統が高い評価を受け、ユネスコ世界文化遺産に登録されました。ケーブルカーやドライブウェイも完備しているので、拝観はもちろん、自然散策や史蹟探訪も楽しめます。延暦寺は比叡山の山上と山下に分けられ、山上には、東塔と西塔、横川の3地区。山下になる坂本には、日吉大社や滋賀院などが。根本道場の東塔だけを拝観するのが主流ですが、さらに厳粛な空気が漂う西塔・横川へ、歩いて参詣するのもおすすめです。

3 輝く黄金だしと大盛り野菜にこだわる彦根発祥の「和」の一杯

JR大津駅直結の「ビエラ大津」の1F。毎日食べても飽きの来ない看板メニュー「近江ちゃんぽん野菜小盛」790円

彦根生まれの近江ちゃんぽん専門店「近江ちゃんぽん亭」は、昭和三十八年に開業。以来〝美味しく健康的〟な一杯を提供し続ける、滋賀県民のソウルフードです。鈴鹿山系の清らかな地下水に、厳選した削り節や国産昆布などの天然素材のうま味を丹念に炊き出した基だしに、近江「丸又醸造」の熟成本かえしで黄金色のスープに仕上げています。さらに注文が入ってから生野菜や豚肉をじっくり煮込むことで、旨味を凝縮。滋賀県産小麦が香る「#18熟成麺」もこだわりのひとつです。

一泊コース 4
彦根城へ行く前に江戸の城下町で極上牛を

テーブル席や個室の他、離れも用意されている（要予約）。
「近江牛 和風ロースステーキ重」4,200円

彦根城のお堀にかかる「夢京橋キャッスルロード」にある、「近江肉せんなり亭 伽羅」は、「千成亭」の歴史が息づく料理店です。自社牧場で丁寧に育てられたこちらのお肉は、近江牛。おすすめは、「近江牛 すき焼き鍋御膳」や、滋賀県信楽町朝宮産の緑茶でいただく「近江牛茶しゃぶ」など。彦根城下町で、「千成亭」の歴史が詰まった近江牛専門店の味を堪能してください。

5
日本の名城100選にも選ばれた "ひこにゃん"に会える城

彦根駅から徒歩約15分にある、築城400年を迎えた「彦根城」。国宝に指定される天守は1606～1607年頃に完成しました。天守をはじめ4つの櫓と、全国でもこの城にしかない馬屋は重要文化財。また、天守の階段の傾斜角度が62度もある事も特徴の1つです。城主・井伊家の所蔵品を展示した博物館も併設され、さらに無料エリアでは彦根市のキャラクター「ひこにゃん」が毎日登場するなど、見所満載のお城です。

琵琶湖を見下ろす高台にある国宝五城のひとつ「彦根城」。城の北東にある大名庭園。毎年11月には「錦秋の玄宮園ライトアップ」が催される

滋賀に来たらコチラも！

「日吉銘茶」

大津は、最澄が中国から持ち帰った茶種を、比叡山の麓で育てた場所。安政五年創業の「中川誠盛堂茶舗」は、日本最古の茶園が手がける、ここでしか購入できない「日吉銘茶」などを扱う老舗です。宮内庁御用達、陸軍病院御用達、滋賀県庁御用達など、全国から愛されています。

ブールとはフランス語でバター。看板メニューのドレッシングはまろやかでコクがあると評判

6 女性に大人気の滋賀名物濃厚バターが香るオムライス

河瀬駅に移動して、彦根の誰もが知る人気カフェでグルメランチ。メディアにも多数取り上げられる「カジュアルカフェあらびか」の名物は、バターライスを卵で包み、秘伝のソースをたっぷりかけた「ブールライス」。創業以来、継ぎ足して旨味を深めた特製ソースがたっぷりとかけられた人気のメニューです。また、手作りのオリジナルドレッシングは買いに来る人も多いとか。ここでしか味わえない濃厚オムライスをぜひ。

7 王室や将軍家から崇敬を受ける近江の中心に祀られた守護神

古くから近江商人に愛される「日牟禮八幡宮」。約4万4000㎡という広大な神域は樹が生い茂り、そこを抜けて楼門をくぐると、拝殿・本殿が続きます。ご祭神る誉田別尊以下三神のご神像及び、時代初期に海外貿易で活躍した商西村太郎右衛門が奉納した絵馬「安海船額」が重要文化財に指定（いも非公開）。また、毎年3月と4月われる「左義長まつり」と「八幡り」は県下二大火祭りで、遠近から参拝者でにぎわいます。

総高 8.8m の大規模な木造明神鳥居は、滋賀県指定有形文化財。四方に猿の彫刻があり、四方猿の門ともいわれる桜門（随神門）

旅まとめ

1 「びわ湖バレイ／びわ湖テラス」
滋賀県大津市木戸 1547-1
☎ 077-592-1155
営業時間、休業日は公式 Web サイトにてご確認ください

2 「比叡山延暦寺」
大津市坂本本町 4220
☎ 077-578-0001
9:00 ～ 16:00
（西塔、横川は 12 月～ 2 月のみ 9:30 ～）
無休

3 「近江ちゃんぽん亭 ビエラ大津店」
滋賀県大津市春日町 1-3
ビエラ大津内 1F
☎ 077-572-9913
11:00 ～ 22:30（22:00L.O.）
無休

● 「中川誠盛堂茶舗」
滋賀県大津市中央 3-1-35
☎ 0077-548-8810
9:00 ～ 19:00
日・祝日休

4 「近江肉せんなり亭 伽羅」
滋賀県彦根市本町 2-1-7
☎ 0749-21-2789
ランチ 11:30 ～ 14:30L.O.
ディナー 17:00 ～ 20:30L.O.
火曜休

5 「彦根城」
滋賀県彦根市金亀町 1-1
☎ 0749-22-2742
8:30 ～ 17:00
（最終入場 16:30）
無休

6 「カジュアルカフェ あらびか」
滋賀県彦根市川瀬馬場町 1082-6
☎ 0749-28-3416
11:00 ～ 19:30
（15:00 ～はテイクアウトのみ）
水曜休

7 「日牟禮八幡宮」
滋賀県近江八幡市宮内町 257
☎ 0748-32-3151
9:00 ～ 17:00
無休

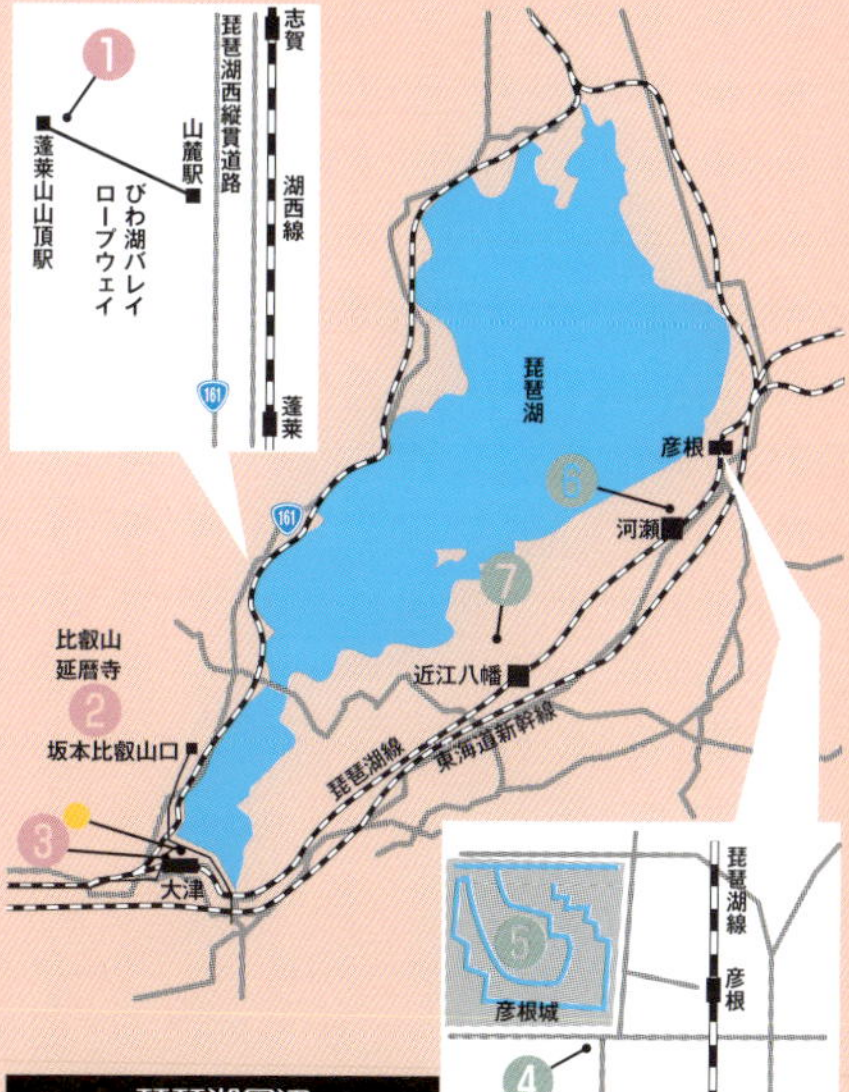

琵琶湖周辺

写真提供：一般財団法人奈良県ビジターズビューロー

日本の古都で世界遺産を巡る

京都よりも古い都で錚々たる世界遺産を巡る

コレで発散！
京都よりも歴史ある古都で世界遺産を制覇する

かつて日本の都があった奈良は、京都よりも古い歴史があり、伝統的な風景が残っています。絶対に外せないのは、奈良公園付近に集中する、世界遺産にも登録された神社仏閣の建造物や仏像です。日本の世界遺産第一号となった「法隆寺」で1日、〝大仏さま〟で有名な「東大寺」や「興福寺」、「春日大社」でもう1日と、たっぷりと文化財に触れる旅が満喫できます。

さらに、豊かな自然や、江戸時代の街並みが残る「ならまち」は風情たっぷり。青い芝が広がる公園で鹿と戯れ、紅葉を楽しみながら古都ならではの、旅に出かけてください。

コース紹介

日帰りコース

❶名物「柿の葉寿司」を超老舗で
❷日本初の世界文化遺産「法隆寺」へ
❸古都・奈良の文化財へ
❹築160年の古民家で洋食を

一泊コース

❺有名ご当地ラーメンでスタミナチャージ
❻絶対に見逃せない奈良公園のシカ
❼奈良らしい眺望をひとり占め
❽出汁が香るふわふわの明石焼き

アクセス
◆電車：JR関西本線「法隆寺駅」、JR関西本線・奈良線「奈良駅」
◆車：第二阪奈道路「宝来IC」、京奈和自動車道「木津IC」・「郡山南IC」

日帰りコース 1

「法隆寺」の門前で奈良伝統の味をいただく

1861年に創業した「柿の葉ずし総本家 平宗」は、江戸末期にすし、川魚、乾物の製造販売を始めました。明治には料理旅館で柿の葉ずしを振る舞い始めます。鯖の薄切りをご飯に載せ、柿の葉でくるみ、押しをかける。葉に含まれるタンニンには抗菌・防腐作用があり、鯖の身をしめる効果が。さらに葉の香りが生臭さを消し、魚の滋味がすし飯に移り、芳醇な味わいを生み出します。奈良・吉野の家庭の味から、世界遺産の旅を始めましょう。

柿の葉ずしも食べられる人気の「奈良ランチ」2,000円

2 聖徳宗総本山！日本独特の建築様式に触れる

607年、聖徳太子と推古天皇により創建された「法隆寺」は、日本で最初の世界文化遺産に登録されました。境内は西院と東院に分かれ、国宝が全39件、うち建築物が18件、重要文化財を合わせると48棟に及びます。美術工芸品は21件でこちらも重要文化財を合わせると約3000点にもなるそうです。西院伽藍には、世界最古の木道建築といわれる金堂・五重塔が並び、東大門を抜けると八角円堂の夢殿がある東院伽藍があり、世界に誇る素晴らしい空間を堪能できます。

西院伽藍のシンボル「五重塔」。本尊が祀られた由緒ある本堂「金堂」

奈良に来たら
コチラも！

「茶粥」

奈良名物のひとつ「茶粥」。お茶を用いて作られるお粥で、豆や芋を入れることも。春日大社内にある「春日荷茶屋」では、創業当時からの看板メニュー「万葉粥」が人気。季節野菜を使った茶粥は月ごとに内容が変わり、優しい味付けはいつ食べても飽きがこないと評判です。

3 平和と繁栄を祈る祭が年間2200回以上の神社

創建が平安中期頃とされる日本三大木造鳥居のひとつ「一之鳥居」。春日大社の大宮（本社）にある「中門」。いずれも重要文化財

「春日大社」は、平城京鎮護のために768年に創建された神社。全国に約3000社ある春日神社の総本社で、ユネスコの世界遺産「古都奈良の文化財」の1つに登録されています。国宝殿は、国宝354点及び重要文化財2526点を主に多数の文化財を所蔵し展示する美術館。これらの美術工芸や、甲冑や刀剣等武器武具などを、特別展の展示テーマに合わせ随時公開しています。

4 旧市街地「ならまち」のどこか懐かしい洋食店

奈良の特産品を使った、すべて手作りの「洋食 春」。築160年の古民家風の空間で提供される同店の一番人気は、ジューシーなハンバーグと大きな天然有頭海老フライのセットです。ハンバーグは年齢問わず誰もが食べられる昔ながらのデミグラスソースで、大和牛と、ヤマトポークを2度挽きしたミンチを使用。天然有頭海老を使った約18センチのエビフライはボリューム満点です。

古い町屋を利用した、和風の庭や囲炉裏のある古都らしい佇まい。「海老フライ＆ハンバーグ」ライスとみそ汁付き 2,400円

一泊コース

5 “旨味”と“濃厚さ”が広がるがっつり系のスタミナラーメン

長時間煮込んだ豚骨スープに、野菜の旨みが溶け込んだオリジナルスープが人気の理由。「天理スタミナラーメン」は、天理市のご当地B級グルメで、地元の人々に愛されています。スープにからむように開発した甘味のあるもっちりとした自家製麺に、炒めた具材の香ばしさが旨味の秘訣。にんにく醤油ベースのピリ辛スープと野菜の甘味の調和が食欲をそそります。

野菜を噛むごとにスープの旨みが口いっぱいに広がる「スタミナラーメン」小 860円、大 1,080円

6 奈良に来たなら やはりニホンジカに会いに行く

奈良といえば、世界遺産や神社仏閣をイメージしますが、やはり外せないのは奈良公園のシカでしょう。奈良公園に生息するシカは国の天然記念物に指定されている野生動物。このシカは、「春日大社」に祀られている神様が、鹿島神宮から白いシカに乗ってやってきたと言われ、万葉集にも書かれているほど古い伝説です。また、ホルンの音色に誘われて森からシカが集まる観光行事「鹿寄せ」や、毎年6月に行われる保護施設「鹿苑」で子鹿を公開する特別イベントもおすすめです。

神の遣いとして古くから手厚く保護されているので、ルールは厳守。あげていいのは「鹿せんべい」のみ、ゴミは必ず持ち帰ること

老舗の飲食店から土産物屋まで揃う「東向商店街」の真ん中に位置する。風味豊かな出汁をつけていただく「明石焼き」

7 奈良らしい眺望を独り占め 標高342mの若草山へ

「奈良公園」に訪れると、芝生に覆われた三つ重ねの「若草山」が目に飛び込みます。ここは、3つの笠を重ねたように見えることから「三笠山」とも呼ばれ、年に1度の「若草山焼き行事」が有名です。山麓ゲートから山頂までは歩いて30～40分。一重目、二重目、三重目からはそれぞれ異なる景観を楽しめ、山頂（三重目）には、5世紀頃に築造された史跡鶯塚古墳が。さらに興福寺、東大寺など、奈良らしさを一望できます。

8 行列ができるお好み焼き店で出汁香る明石焼きを

東側にある興福寺と向かい合う形で民家や商店が建てられたことから命名された「東向商店街」。この商店街の中ほどにある老舗お好み焼き店「おかる」では、正統な明石焼きを提供しています。ふわふわの明石焼きはアツアツで、出汁はかつおの風味が効いていて絶品。種類豊富なお好み焼きや焼きそば、サイドメニューも充実しています。

旅まとめ

1「柿の葉ずし総本家 平宗 法隆寺店」
奈良県生駒郡斑鳩町法隆寺1丁目-8-40
☎ 0745-75-1110
11:00 ～ 15:00（L.O.）
無休

2「法隆寺」
奈良県生駒郡斑鳩町法隆寺山内 1-1
☎ 0745-75-2555
8:00 ～ 17:00
（11/4 ～ 2/21 は～ 16：30）
無休

3「春日大社」
奈良市春日野町 160
☎ 0742-22-7788
3 月～ 10 月 6:30 ～ 17:30
11 月～ 2 月 7:00 ～ 17:00
無休

「春日荷茶屋」
奈良市春日野町 160
☎ 0742-27-2718
10:30 ～ 16:00L.O.
火曜休

4「洋食　春」
奈良市公納堂町 14
☎ 0742-24-5187
11:00 ～ 15:00（L.O.）
火・水曜（祝日の場合は営業）休

5「天理スタミナラーメン 近鉄駅前店」
奈良市西御門町 29-4
☎ 0742-22-3100
11:00 ～ 0:00
日・祝日は 10:00 ～ 22:30
無休

6 7「奈良公園」
「奈良県立都市公園 奈良公園」
奈良市登大路町ほか
☎ 0742-22-0375
（奈良公園事務所）
無休（若草山開山期間は 3 月第 3 土曜～ 12 月第 3 日曜の 9:00 ～ 17:00）

8「おかる」
奈良市東向南町 13-1
☎ 0742-24-3686
11:30 ～ 20:00
（15:00 ～ 17:00 は閉店）
水曜休（祝日の場合は翌日）

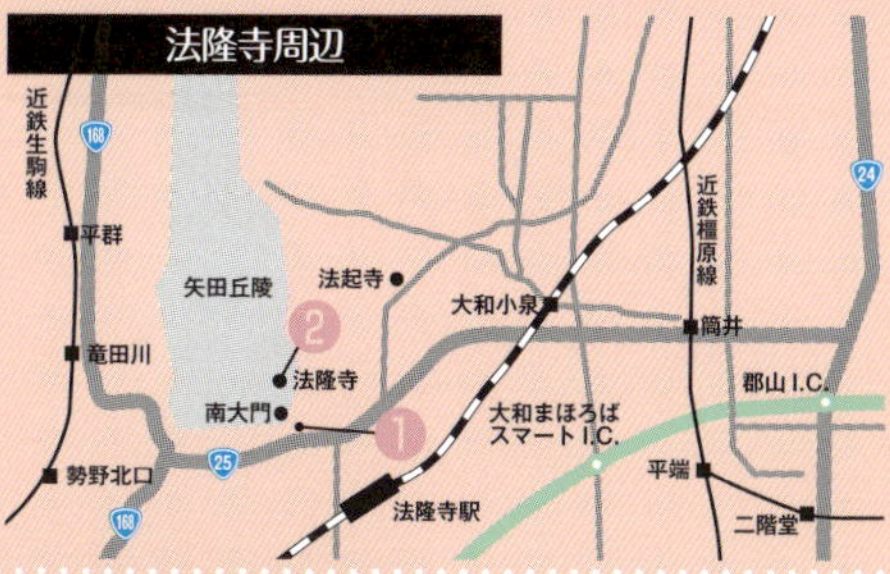

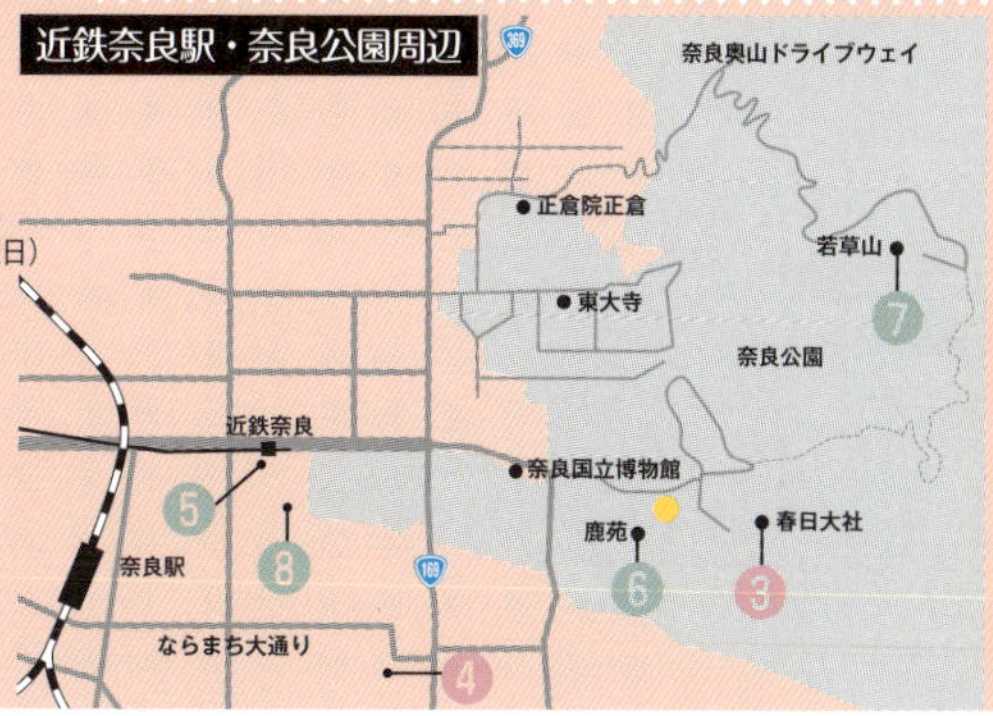

番外編

青春18きっぷの旅
P.94

・全長400mの大吊橋から日本一の富士を望む
・三島名物のうなぎをあっさりとした味付けで
・天然池泉と自然林からなる日本の名勝
・グルメやお土産はもちろん大パノラマで絶景も！
・世界でも珍しい深海生物に特化した水族館
・「港八十三番地」内にあるグルメ回転すし
・旅の疲れを取るなら熱海でデトックス
・創業60年の歴史を刻む熱海名物のカツカレー

寝台列車の旅
P.96

・まるでホテルステイ　しっかり休んで出雲へ向かう
・江戸時代末期に創業　皇室が愛した蕎麦の老舗
・古代より仰ぎ尊ばれてきた神々が集う社
・出雲大社からすぐの見学もできるワイナリー

船の旅

P.98

・横須賀フェリーターミナルからいざ夜の海へ！
・アメニティ完備の豊富な客室から好みをチョイス
・関東・九州の食材がメインの四季折々のメニューが揃う
・海の上とは思えない露天風呂でリフレッシュ
・ランチの前にひと汗！　映画鑑賞やプラネタリウムも
・ディナーは豪華に地元の食材を生かした料理を
・海の上での1日は新門司港で幕を閉じる

空の旅

P.100

北海道
・北の美味が揃う函館名物の朝市へ
・無添加うにを食すなら老舗卸の直営店へ
・函館港沿いに並ぶレトロな倉庫街
・全国ご当地バーガー日本一の絶品手づくりバーガー
・標高334mから函館市街を見下ろす
・四季折々の景色と見事な花に出会える史跡

沖縄
・出来立てが食べられる！　ポークたまごおにぎり専門店
・"助け合い"＝"ゆいまーる"が名前の由来
・メディアにも取り上げられる行列必至の沖縄そば
・国際通りから5分の最も格式高い聖地
・60年以上愛され続けるステーキ＆タコス
・"隣の楽園"と呼ばれる本島から徒歩圏内の離島
・青と白のコントラストが美しい南欧を思わせるテラス

青春18きっぷの旅
三島 - 熱海

大人にぴったりの青春旅 お得な切符で鉄道を乗りこなす

お得で自由な旅をするなら "大人の青春"きっぷが便利

コレで発散！
乗り放題の超お得な切符で自由な旅に出る！

JR全線の普通列車の普通車自由席が3日連続または5日連続乗り放題の「青春18きっぷ」。実は年齢にかかわらず、誰でも利用できることを知っていますか？ 11月下旬から1月上旬に発売され、3日間用は10，000円、5日間用は12，050円で全国のJRに乗り放題というお得さ。さらに、自動改札機が利用できるようになり、便利さもアップしました。後戻りはもちろん、急な行き先の変更もできるので自由旅行に最適です。

アクセス
◆電車：JR 東海道本線「三島駅」「沼津駅」「熱海駅」

コース紹介

1. 三島といえば日本最長の吊橋 ◀
2. 関東風の名物うなぎを ◀
3. 森に囲まれた駅前の名勝 ◀
4. 観光スポットが充実した沼津港へ ◀
5. 深海魚と冷凍シーラカンスを鑑賞 ◀
6. グルメ回転すしで深海魚を食す ◀
7. 熱海で最高のリラクゼーションを ◀
8. 熱海銀座で愛され続けるカツカレー

旅まとめ

1 「三島スカイウォーク」
静岡県三島市笹原新田 313
☎ 055-972-0084
9:00 ～ 17:00（イベントや天候などにより変更） 無休（悪天候の際は通行を制限）

2 「うなぎの坂東」
静岡県三島市一番町 15-28 楓ビル 2F
☎ 055-981-1212
11:00 ～ 20:00L.O. 不定休

3 「三島市立公園 楽寿園」
静岡県三島市一番町 19-3
☎ 055-975-2570
4 ～ 10 月 9:00 ～ 16:30 最終入園（11 ～ 3 月は～ 16:00 最終入園）
月曜（祝日・振替休日の場合は火曜）、12 月 27 日～ 1 月 2 日休

4 「沼津港」
静岡県沼津市千本港町

5 「沼津港深海水族館～シーラカンス・ミュージアム～」
静岡県沼津市千本港町 83 番地
☎ 055-954-0606
10：00 ～ 18:00（最終入館は 17:30）※繁忙期変更あり 無休

6 「沼津港 海天寿司 一富士丸」
静岡県沼津市千本港町 83
☎ 055-939-8886
11:00 ～ 21:00 水曜、第 3 木曜休

7 「熱海シーサイドスパ＆リゾート」
静岡県熱海市東海岸町 6 番 53 号
☎ 0557-82-8111
チェックイン 15:00 チェックアウト 11:00 無休

8 「カレーレストラン あたみ 宝亭」
静岡県熱海市銀座町 5-10
☎ 0557-82-3111
11:00 ～ 19:30L.O. 木曜休

1 全長400mの大吊橋から日本一の富士を望む

静岡県三島市にある観光スポット「三島スカイウォーク」は、全長400mの歩行者専用の吊橋。吊橋からは富士山と日本一深い駿河湾がパノラマで広がります。併設されたガラス張りの「スカイガーデン」は花々に囲まれながら買い物ができ、三島の特産品を使用した「森のキッチン」では食事も可能。橋を渡ればアスレチックなどのアクティビティが待ち受けています！

大吊橋の正式名称は『箱根西麓・三島大吊橋』。箱根を代表するお土産やかわいいスイーツなどが豊富な「スカイガーデン」

2 三島名物のうなぎをあっさりとした味付けで

三島駅南口徒歩1分、楽寿園の隣に位置する「うなぎの坂東」。名店として親しまれるこのうなぎは、背開きの、蒸してから焼く関東スタイル。炭火で白焼きしてから焼くため、身はふわっと柔らかで、秘伝のタレでさっぱりと仕上げてあります。富士山の伏流水が美味しさの秘密で、生臭さや泥臭さは一切なし。生わさびで食す白焼きもおすすめです。

店名の「坂東」は関東地方を意味する古語。「うな重 梅 3 / 4匹（肝吸い付）」4,070円。静岡麦酒との相性も抜群

帝室技芸員をはじめ、明治を代表する日本画家たちによる210面に及ぶ襖絵や天井画などが施されている

3 天然池泉と自然林からなる日本の名勝

「三島市立公園 楽寿園」は、緑の森に囲まれた市立公園。小松宮彰仁親王が明治時代に別邸として造営したのが始まり。約1万年前の三島溶岩流に自生した樹木や野鳥を観察することができる、国の天然記念物及び名勝です。楽寿館は江戸時代に完成した数奇屋造りの様式を備え、京風建築の手法を現在に伝える明治期の建造物で、庭園と一体化するように構成されています。

地上30mから360度の景色が楽しめる沼津港大型展望水門「びゅうお」。飲食店やアトラクションなどが集まる「港八十三番地」

4 グルメやお土産はもちろん大パノラマで絶景も!

「沼津港」は国土交通省の「みなとオアシス」にも認定される人気観光スポットです。せりの見学ができる「沼津魚市場INO」や地元の特産品が並ぶ「沼津みなと新鮮館」、「沼津港深海水族館」の賑わいによって港の活気を見せています。「沼津港飲食店街」では、沼津港で水揚げされたばかりの新鮮な魚介類を味わえるお店がずらり。日本最大級の水門「びゅうお」の展望デッキからは360度見渡せる絶景も楽しめます。

5 世界でも珍しい深海生物に特化した水族館

駿河湾は水深2,500mで日本一深い湾として知られています。日本初の深海をテーマとした「沼津港深海水族館〜シーラカンス・ミュージアム〜」には、駿河湾を中心とした深海生物のほか、3億5千万年前から深海で生き続けているシーラカンスが冷凍保存。これは世界でもここでしか出会えません。また、深海の世界を体験できる「シューティングアトラクション」なども併設。沼津港に隣接しているので、アクセスも抜群。

深海生物の新種などの希少生物が多く展示されている。浅い海・深い海の水槽で比較するのも楽しい

名物の「深海魚五種手巻き」1,380円と「海賊船の宝石箱こぼれ盛り」1,580円

6 「港八十三番地」内にあるグルメ回転すし

沼津の港でしか味わうことのできない鮮魚と、静岡ならではの食材を提供する"海天寿司"。「沼津港 海天寿司 一富士丸」の名物はやはり深海魚。白身のトロと呼ばれるアブラボウズや、上品でクセのない白身のデン、深海海老などの食べ比べが楽しめます。寿司以外にも静岡ならではの一品料理が揃うので、沼津港の〆にぜひ立ち寄ってみてください。

7 旅の疲れを取るなら熱海でデトックス

せっかくお得なきっぷを使うなら、「熱海シーサイドスパ&リゾート」で1泊しては? オーシャンビューのゲストルームはもちろん、ひとり旅にぴったりなキャビンルームを気軽に利用するのもおすすめです。開放的なロビー・フロント、100%天然温泉の大浴場は源泉かけ流し。さらにタイ古式マッサージを取り入れたリラクゼーションも充実しています。もちろん宿泊しなくても利用可能です。

ストレス解消やデトックスを求めるなら、「アバ・カバル」で。バリ島伝承のオイルトリートメントが心と体に深くしみ込む。セキュリティシステム完備の女性専用キャビンルーム

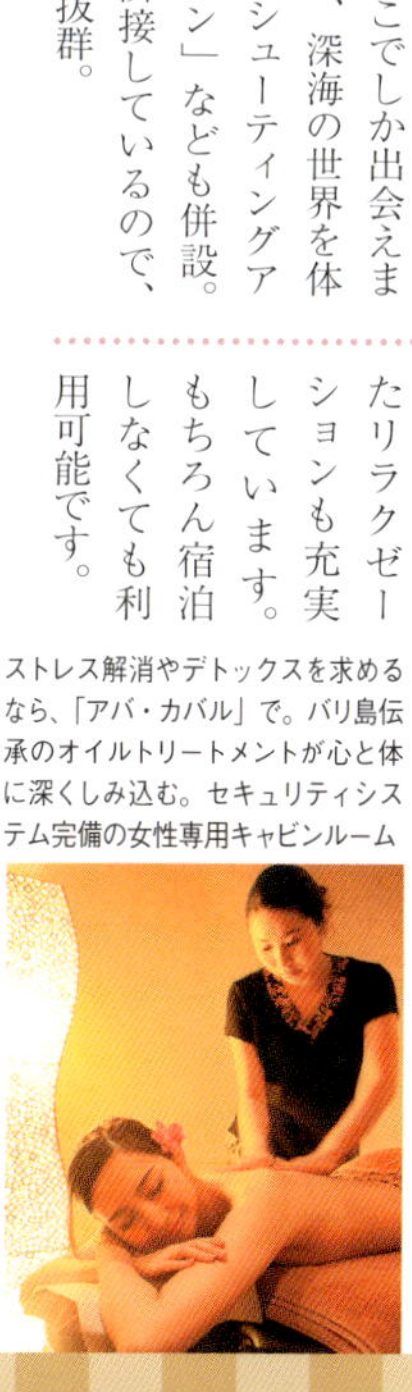

8 創業60年の歴史を刻む熱海名物のカツカレー

店主が味・材料・コクにこだわった結果生まれた美味しいカレーで有名な「カレーレストランあたみ 宝亭」。美味しさの秘密は、丁寧に育てられた健康な豚肉の出汁。「カレー」と「ハヤシライス」は、創業当時からあるメニューで、昔懐かしさのなかに、洗練さも感じられます。柔らかい霜降り肉をサクッと揚げたカツが載った、旨味凝縮のカレーの相性は絶品。

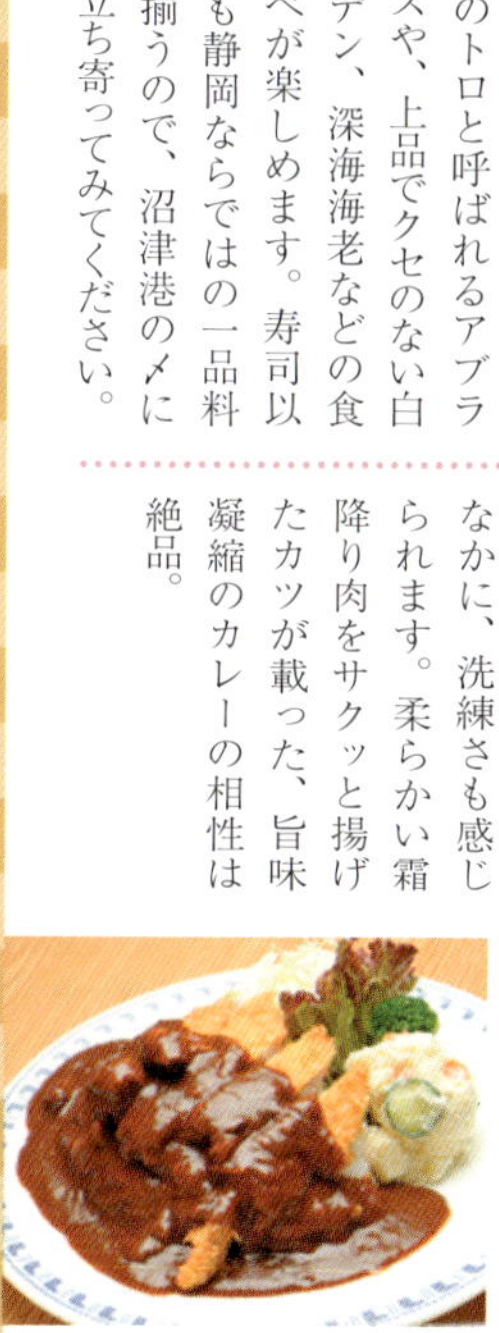

地元でも愛され続ける「看板メニューのカツカレー」1,050円

日本で唯一定期運行している寝台列車で縁結びの神様祈願

寝台列車の旅

東京 - 出雲

コレで発散！
一度は体験したい夜行列車の旅
目指すは縁結びの神様

1 まるでホテルステイしっかり休んで出雲へ向かう

寝台列車の魅力は、目的地まで寝ながら移動できること。岡山で車両連結部分が分離し、行き先が瀬戸と出雲に分かれる「サンライズ高松・出雲市」。車内はほぼ全室個室で、パジャマなどはもちろんシャワーやラウンジも完備しています。

個室のタイプは、ゆったりしたベッドとシャワーカードが付いたプレミアムルーム「シングルデラックス」のほか、基本の寝台「シングル」や、運賃と指定特急料金だけで利用できる「ノビノビ座席」など、用途に合わせて選べます。さらにラウンジでは車窓を眺めながら飲食ができ、カードを購入すればシャワーも可能。ホテルで1泊しながら目的地へ移動できる、快適な夜の旅が実現できます。

コース紹介

❶ 寝台列車で出雲へ向かう
▼
❷ 伝統ある"献上そば"で昼食
▼
❸ 神々が集う出雲大社へ
▼
❹ しまね和牛とワインの無料試飲を

提供：JR 西日本

旅まとめ

❶「JR 西日本お客様センター」
☎ 0570-00-2486
9:00 ～ 19:00
無休

❷「羽根屋 本店」
島根県出雲市今市町本町 549
☎ 0853-21-0058
ランチ 11:00 ～ 15:00
ディナー 17:00 ～ 19:00
（なくなり次第終了）
元旦休

❸「出雲大社」
島根県出雲市大社町杵築東 195
☎ 0853-53-3100（社務所）
8:30 ～ 17:00
無休

❹「島根ワイナリー」
島根県出雲市大社町菱根 264-2
☎ 0853-53-5577
バーベキューハウス
シャトー弥山 11:00 ～ 17:30
（土・日・祝日は～ 18:30）
試飲卸売館 バッカス
10:00 ～ 17:00
無休

それぞれの段に違った薬味が添えられた「割子そば3段」900円

2 江戸時代末期に創業 皇室が愛した蕎麦の老舗

〝献上そば〟という伝統を守り抜く出雲そばの名店「羽根屋 本店」。大正天皇をはじめ、数々の皇室の方々に献上したこの蕎麦は、殻の部分まで挽き込んだ香り高い出雲そば。代々受け継いだ手打ちの技術で喉越しが良く、地元はもちろん、観光客からも愛されています。おすすめは出雲地方独特の器に盛られた「割子そば」。薬味とだし汁をかけ、生粋の蕎麦の風味が楽しめます。

3 古代より仰ぎ尊ばれてきた神々が集う社

神々の国と呼ばれる出雲の象徴「出雲大社」は縁結びでも有名です。古事記に創建の所以が記されているほど古く、現在の本殿は1744年に造営されたもので高さは約24mですが、太古の時代は現在の4倍あったとか。その本殿へ向かうなら、まず正門である「勢溜の大鳥居」から。続いて下り参道の「祓社」、松並木が続く「松の参道」へ。境内入り口手前の「御神像」が見えたら「手水舎」で清め、戦後最大の木造神社建築「拝殿」へ。また出雲大社では、二礼二拍手一礼ではなく、二礼四拍手一礼。正しい参拝方法を心得て、本殿へと向かいましょう。

高さ8.8m、横幅12mの鋼管製の大鳥居。1963年に新築されたご本殿拝殿。一般の神社と左右逆のしめ縄にも注目

約500名収容できる「バーベキューハウス シャトー弥山」の「島根和牛セット」1,980円。ご当地ブランド「島根ワイン」を無料で試飲。ぶどうジュースやワインの飲み比べも

4 出雲大社からすぐの見学もできるワイナリー

ワインの製造見学が無料でできる「島根ワイナリー」では、最高級の「しまね和牛」が堪能できます。この和牛は、神戸牛や松阪牛に並ぶほどの肉質で、口に入れたとたん脂の甘みがひろがり、舌の上でとろけるような味わい。さらに魅力は、約10種類のワインの試飲が無料！ ノンアルコールも用意されているので、お酒が苦手な方にも安心です。

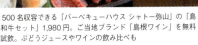

神奈川 - 福岡

大海原を身近に感じながら露天風呂と本格料理を満喫

コレで発散！
起きたらすぐ海！
人生観が変わる
豪華な船の旅

船の旅

目覚めた瞬間から感動！疲れも悩みも帳消しに

疲れた体を引きずってでも出るべき旅があるとしたら、船旅がイチオシ。乗船してまず驚くのが、まるで高級ホテルのような豪華なロビー。客室も清潔でアメニティも完備。窓からは朝日とともに大海原が見渡せます。

伊豆大島を通過し、目覚めるころには和歌山県の潮岬に。豊富なメニューから朝食をいただき、露天風呂へ。船内にはアクティビティも多彩なので、ジムでトレーニングするもよし、プラネタリウムや映画鑑賞もよし。もちろん天候に恵まれればデッキでも過ごせます。たっぷり約丸一日、船上ですごして日常を忘れてください。

コース紹介

1. 横須賀フェリーターミナルから出航 ▶
2. プライベートが確保された部屋で安眠 ▶
3. 豊富なメニューでモーニング ▶
4. 海を眺めながら入浴 ▶
5. 映画鑑賞やスポーツジムでリフレッシュ ▶
6. 本格料理で優雅に夕食 ▶
7. 新門司フェリーターミナルへ

アクセス
◆電車：京急電鉄「横須賀中央駅」、JR鹿児島本線「門司駅」
「門司駅」より無料連絡バス
◆車：横浜横須賀道路「横須賀 IC」、九州自動車道「門司 IC」・「新門司 IC」

1 横須賀フェリーターミナルからいざ夜の海へ！

横須賀23時45発、船は横須賀市の花から名付けられた「はまゆう」と、北九州市の花から名付けられた「それいゆ」の2隻が就航。横須賀フェリーターミナルは、東京湾にある唯一の長距離フェリーターミナル。横須賀中央駅から徒歩約15分、横須賀ICから約15分でアクセスも便利です。1階にはチケットカウンター、3階が乗船口になります。

乗船開始は出港の1時間～45分前。「はまゆう」「それいゆ」ともに全長222.5 m。6階に露天風呂、5階はレストランなどでエントランスは4階となる

2 アメニティ完備の豊富な客室から好みをチョイス

5タイプから選べる客室は、リーズナブルな相部屋タイプからプライベートが確保できる個室のほか、和洋室やペット同伴室まで幅広く用意されています。個室には基本的なアメニティも完備されているので、気軽に旅を楽しめます。

一人旅向けの「ツーリストS」。スペースごとにタッチキーが採用され、プライベート空間も確保

3 関東・九州の食材がメインの四季折々のメニューが揃う

「東京九州フェリー」ならではの、寄港地の食材を使用した四季折々のメニューが朝食から楽しめます。和洋の定番メニューの他、カレーやうどん・そばなども用意。海を眺めて食事が楽しめる席もあるので、ぜひ確保して。ランチには期間限定の「船上バーベキュー」も人気。

スープとサラダも付く「洋風プレートセット」1,200円、「朝カレーセット」1,100円〜

4 海の上とは思えない露天風呂でリフレッシュ

壮大な洋上を見渡せる大浴場と露天風呂。もちろんシャンプーやボディソープも用意されている

この船内でもっとも自慢とされるのが、広々とした展望大浴場と露天風呂。広々とした展望大浴場は極上の景色を眺められ、営業時間内なら何度でも入浴可能です。また露天風呂では海風を感じながら極上の入浴タイムを。本格サウナも併設されているので、たっぷりと汗をながして海風に当たってください。

5 ランチの前にひと汗！映画鑑賞やプラネタリウムも

船内には食事や入浴以外にも楽しみ方がいろいろと用意されています。まず「スクリーンルーム」では、プラネタリウムや映画鑑賞が可能。また「スポーツルーム」ではランニングマシン2台・コードレスバイク3台が無料で利用できます。もちろん静かに過ごすスペースも。船前方にある眺めが美しい「フォワードサロン」は、読書などで静かに過ごすのに最適です。ランチの前後にぜひ利用してください。

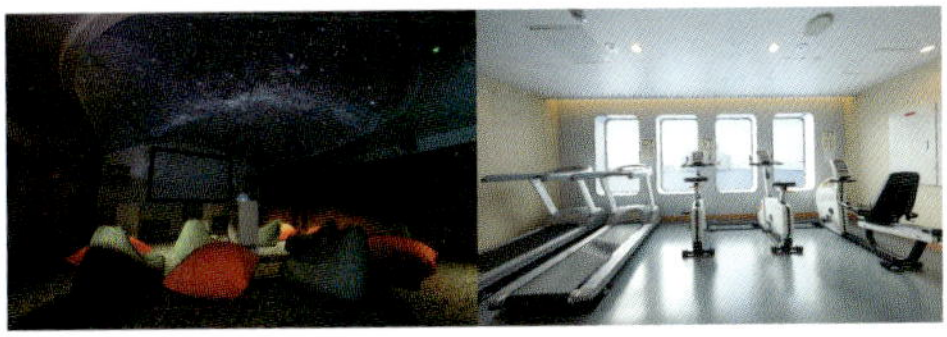

本格的な光学式プラネタリウムとビーズクッションでリラックスタイム。日ごろの運動不足を海の上で解消

6 ディナーは豪華に地元の食材を生かした料理を

船を降りる前には贅沢なディナーを楽しんで。お刺身や天ぷら、焼き魚が詰められた御膳や、じっくりと煮込まれたビーフシチュー、国産牛のステーキなどが勢ぞろいです。もちろんワインやビールなどのアルコール類も充実しています。日が沈む様子を眺めながらのディナーは格別です。

爽やかな味わいが特徴の「佐世保レモンステーキセット」1,900円。季節の味わいを楽しむ贅沢な「黒潮松花堂御膳」2,400円

7 海の上での1日は新門司港で幕を閉じる

旅の最終地点は「新門司フェリーターミナル」。ここからさらに福岡の旅に出るなら、無料の連絡バスで小倉へ。新幹線に乗れば博多へ向かえます。旅の終わりでもあり始まりでもある、感慨深い船旅になることでしょう。

「阪九フェリー」や「名門大洋フェリー」のターミナルより沖側に位置する

旅まとめ

「横須賀フェリーターミナル」
神奈川県横須賀市新港町 11 番 4
☎ 046-812-9110（9:00 〜 19:00）
営業 9:00 〜 24:00（日曜は〜 22:00）
無休

「新門司フェリーターミナル」
福岡県北九州市門司区新門司北三丁目 1 番地 30
☎ 093-330-3000（9:00 〜 19:00）
営業 9:00 〜 24:00（日曜は〜 22:00）
無休

「東京九州フェリー東京予約センター」
☎ 03-5860-9488
9:00 〜 17:45
土・日・祝日休

空の旅で本気感アップ！北海道＆沖縄の旅

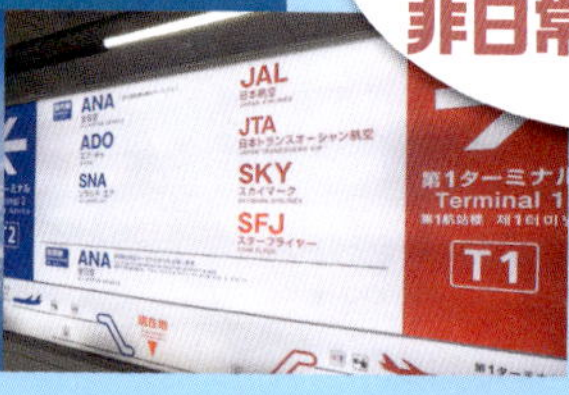

コレで発散！
北国も南国もすぐ行ける空の旅で非日常感アップ！

旅といえばやっぱり飛行機！北で海鮮、南でビーチを満喫

東京や関西空港から数時間の空の旅。北は北海道、南は沖縄まであっという間。最近ではLCC（格安航空会社）も定着し、より国内旅行の幅が広がりました。

例えば函館なら、朝市で新鮮な海鮮を食べ、ベイエリアを散策。さらにロープウェイで夜景を楽しめます。足を伸ばして五稜郭公園へ行くのもおすすめです。

一方沖縄なら、美しい海と沖縄グルメ。ソーキそばはもちろん、ステーキやハンバーガーも外せません。海外へ行かずとも、旅感をアップさせること間違いなしの空の旅へぜひ！

北海道編 コース紹介

①函館に着いたら朝市から！
▼
②うに専門店で至福の朝食
▼
③潮風を感じるベイエリアを散策
▼
④日本一のご当地バーガーを
▼
⑤100万ドルの夜景に感動する
▼
⑥星型の特別史跡「五稜郭公園」へ
▼
⑦コクと旨味のジンギスカン

沖縄編 コース紹介

①着いたらすぐにソウルフード！
▼
②沖縄唯一のモノレールに乗る
▼
③古民家で人気の沖縄そば
▼
④沖縄最上位の神社を参拝
▼
⑤地元ではド定番の老舗ステーキ
▼
⑥空港からすぐのリゾートアイランドへ
▼
⑦小さな離島でヨーロッパ気分を

1 北の美味が揃う函館名物の朝市へ

鮮度抜群の海鮮丼などが味わえる食堂や、旬の魚介類を販売する売店など、約250もの店が軒を連ねる、「函館朝市」。1945年に、近隣町村の農家が野菜や果物を持ち込み、函館駅前で立ち売りを始めたのがルーツ。以降、カニやサケをはじめとした海産物や、農園からの直売品など、北海道ならではの鮮度の高い食品が販売されています。昼過ぎには品切れもあり得るのでぜひ早朝から函館の朝を満喫してください。

函館駅からすぐ。魚介類専門店から、北海道産農産物の直売所、飲食店が並ぶ。

2 無添加うにを食すなら老舗卸の直営店へ

「函館朝市」のすぐそばにある、「ミシュランガイド北海道2017特別版」掲載店。「うに むらかみ函館本店」では、無添加のウニと北海道食材が堪能できます。うにを知り尽くした職人が提供するミョウバン不使用のうには、濃厚で甘く渋みもありません。うに丼やうに刺はもちろん、蒸しても焼いても、ほかとは比べ物にならない美味しさです。

函館駅や赤れんが倉庫へも好アクセス。地産地消をモットーに、うに以外の北海道食材も。いくらとサーモンの「三色丼」Sサイズ

3 函館港沿いに並ぶレトロな倉庫街

函館ベイエリアのランドマーク「金森赤レンガ倉庫」は、代表的な観光スポット。日本初の国際貿易港としても有名で、多くの人でにぎわっています。倉庫は、レトロな空間で北海道グルメが楽しめる「函館ヒストリープラザ」、コンサートなどのイベントが開催される「金森ホール」、カフェやスイーツ、雑貨やアクセサリーショップが集まる「金森洋物館」と「BAYはこだて」の4つ。ロマンチックな景観と函館名物を満喫できます。

イギリス積みが美しい「金森洋物館」「函館ヒストリープラザ」「金森ホール」橋で結ばれた建物の間を流れる運河は情緒たっぷり

4 全国ご当地バーガー日本一の絶品手づくりバーガー!

函館に17店舗を構え、ご当地バーガーの火付け役として知られる「ラッキーピエロ」。赤レンガ倉庫の向かいにあるマリーナ末広店は、停泊する遊覧船など、港を一望できます。ハンバーガーは、人気No.1の「チャイニーズチキンバーガー」を筆頭に多数ラインナップ。またカレーやオムライスなども充実しています。時間限定で生ビールを提供しているので、チョイ飲みが楽しめるのも特徴です。

奥の席に座れば、海の上で食事をしているような感覚が楽しめるマリーナ末広店。圧倒的人気を誇る食べ応えたっぷりの「チャイニーズチキンバーガー」単品420円

5 標高334mから函館市街を見下ろす

125人乗りの「函館山ロープウェイ」は、最速秒速7mで、海抜334mの山頂まで約3分で到着します。眼下に広がる大パノラマは、多くの人を感動させ、四季や時間帯によって変化する表情が魅力。なかでも〝世界一〟と言われる、函館湾と津軽海峡に挟まれたシルエットに沿って広がるエキゾチックな夜景は必見です。山頂のショップでは、お買い物やお食事も楽しめます。

旅行ガイド「ミシュラン・グリーンガイド・ジャポン改定第2版」で三つ星を獲得。薄暮の蒼いグラデーションや、眩い光が浮かび上がる夜景はまさに世界一の眺望

6 四季折々の景色と見事な花に出会える史跡

星形城郭で名高い「五稜郭」は、国の特別史跡に指定され、「五稜郭公園」として親しまれています。約12万㎡にも及ぶ広大な敷地では、春は約1500本のソメイヨシノが花を咲かせ、冬は堀の周りをイルミネーションが彩る「五稜星の夢イルミネーション」を開催。2010年に復元された「箱館奉行所」や、地上90mの高さから、公園の特徴である星形五角形を一望できる「五稜郭タワー展望台」も見どころ。時間に余裕があるならぜひ足を運びたいスポットです。

展望台からは美しい星形と函館市街を見ることができる　函館市教育委員会提供

旅まとめ

❶「函館朝市」
北海道函館市若松町 9-19
☎ 0138-22-7981
（函館朝市協同組合連合会）
5:00 ～ 14:00（1 ～ 4 月は 6:00 ～）
※店舗によって異なる
無休（店舗によって異なる）

❷「うに むらかみ 函館本店」
北海道函館市大手町 22-1
☎ 0138-26-8821
8：30 ～ 14：30L.O.
（揚物・焼物は 11：00 ～ 14：15）
水曜休

❸「金森赤レンガ倉庫」
北海道函館市末広町 14-12
☎ 0138-27-5530
9:30 ～ 19:00
無休

❹「ラッキーピエロマリーナ末広店」
北海道函館市末広町 14-17
☎ 0138-27-5000
9:30 ～ 22:00
無休

❺「函館山ロープウェイ」
北海道函館市元町 19-7
☎ 0138-23-3105
始発 10:00　上り最終 21:50
（10/1 ～ 4/19 は 20:50）
下り最終 22:00
（10/1 ～ 4/19 は 21:00）
無休

❻「五稜郭公園」
函館市五稜郭町 44
☎ 0138-31-5505（管理事務所）
4 ～ 10 月 5:00 ～ 19:00
（11 ～ 3 月は～ 18:00）
無休

1 出来立てが食べられる！ポークたまごおにぎり専門店

オーダーを受けて手作りする「ポークたまごおにぎり」専門店。沖縄のソウルフードといえば「ポークたまごおにぎり」。沖縄では、お弁当屋さんにもコンビニにも並ぶ定番商品ですが、家庭ではアツアツの出来立て。この家庭の味を再現するのが、専門店「ポーたま」です。玉子とポークランチョンミートを挟んだベーシックなおにぎりのほかに、油みそや高菜、ゴーヤの天ぷらや島豆腐の厚揚げ入りなどの豪華版も。那覇空港国内線の店舗では、定番＆人気のメニューを味わえます。

基本の「ポーたま」390 円、「ゴーヤの天ぷら」600 円。到着口に出るとすぐにいい香りが漂う

2 “助け合い”＝“ゆいまーる”が名前の由来

総延長 17km を約 37 分で移動する。深夜、早朝は便数が減るので事前に確認を

那覇市内を巡るなら、絶対にモノレールが効率的。沖縄県で唯一の鉄軌道路線といえば「ゆいレール」。「那覇空港駅」から「てだこ浦西駅」までを結ぶこのモノレールを利用すれば、レンタカーも不要で、市内の観光スポットをストレスなく回れます。日中は10分おきに運行するので、タイムロスにもなりません。空港からは早朝6時台から23時半まで運行しているので安心です。

3 メディアにも取り上げられる行列必至の沖縄そば

街中にありながら、沖縄の風情を感じながら食事ができる人気店「楚辺」。昔ながらの瓦屋が目を引く、築75年の民家で食べられるのは、透き通ったあっさり優しいスープが人気の沖縄そば。麺はコシのある細麺で、スープとの相性抜群。リピーター続出の名店です。

長年愛される、本場の “The 沖縄そばを提供。「沖縄そば」850 円、「本ソーキそば」1,250 円

4 国際通りから5分の最も格式高い聖地

パワースポットとしても知られる、沖縄総鎮守でもある神社。那覇港と那覇泊港の間、断崖上に建つ琉球八社の1つ

沖縄は御嶽信仰が盛んですが、本土のような神社もあります。サンゴ礁の断崖上にたたずむ琉球八社の一つ「波上宮」は、熊野三所権現を祀り、琉球王朝時代から海上交通の安全、豊漁、豊穣などの信仰を集めてきました。市民からは「なんみんさん」の名で親しまれ、お正月や節分、例大祭は多くの参拝者で賑わいます。朱塗りの拝殿と青い海がなんとも沖縄らしい、由緒ある神社です。

5 60年以上愛され続けるステーキ&タコス

一番人気のメニューは「テンダーロインステーキ」3,000円~。タコスは1ピースからオーダー可能なので、ステーキと一緒に楽しめる

戦後間もない1953年にオープンした「ジャッキーステーキハウス」は、味はもちろん価格もボリュームも変わらず県民に寄り添い続けています。柔らかな赤身肉のステーキはもちろん、地元でおなじみの、ビーフ100%のタコスも外せない一品。数ある"沖縄ステーキ"の中でも客足が途絶えることのない名店です。

6 "隣の楽園"と呼ばれる本島から徒歩圏内の離島

釣りやキャンプ、潮干狩りなど、地元の人にも人気

那覇空港の南側にある周囲1.5kmの小さな「瀬長島」はサンセットや飛行機の離発着が眺められるリゾートアイランド。「海中道路」という橋で本島と結ばれ、自動車や徒歩で渡ることが可能。島内にはホテルやリゾート施設、ビーチパークなどがあり、デートスポットとしても人気です。2012年には温泉施設も完備し、国内のみならず外国からの観光客も訪れています。

7 青と白のコントラストが美しい南欧を思わせるテラス

瀬長島を訪れたら絶対に寄りたい「瀬長島ウミカジテラス」。年間来島者数330万人を超える瀬長島に位置するここは、傾斜に建てられた真っ白なテラスがヨーロッパのリゾートを彷彿とさせ、青い空と海によく映えます。テラス内には沖縄発のブランドや、リラクゼーションサロンなどが約50店舗。飲食店では現地の食材を使用したさまざまなグルメも堪能できます。海はもちろん、絶景や、グルメにショッピングを一度に楽しめる話題のスポットです。

日本の"アマルフィ"とも呼ばれる、沖縄県No.3の観光地

旅まとめ

❶「ポーたま 那覇空港国内線到着ロビー店」
沖縄県那覇市鏡水150
那覇空港国内線
ターミナルビル1F
☎ 098-996-3588
7:00～21:00
無休

❷「沖縄都市モノレール」
☎ 098-859-2630

❸「沖縄そばの店 楚辺」
沖縄県那覇市楚辺2-37-40
☎ 098-853-7224
11:30～20:00L.O.
旧盆・正月休

❹「波上宮」
沖縄県那覇市若狭1-25-11
☎ 098-868-3697(社務所)
9:00～17:00
無休

❺「ジャッキーステーキハウス」
沖縄県那覇市西1-7-3
☎ 098-868-2408
11:00～22:00
水曜休

❻「瀬長島」
沖縄県豊見城市瀬長

❼「瀬長島ウミカジテラス」
沖縄県豊見城市瀬長174番地6
☎ 098-851-7446
10:00～21:00(店舗によって異なる)
無休

ひとり旅を趣味にする

2024年 12月 30日　初版第1刷発行
2025年　4月　1日　初版第3刷発行

著　者　Sunchannel

発行者　角竹輝紀

発行所　株式会社マイナビ出版
〒101-0003
東京都千代田区一ツ橋2-6-3
一ツ橋ビル2F
TEL：0480-38-6872（注文専用ダイヤル）
TEL：03-3556-2731（販売部）
TEL：03-3556-2738（編集部）
URL：https://book.mynavi.jp

印刷・製本　中央精版印刷株式会社

STAFF

デザイン　安部 孝（ユニット）

イラスト　いそのけい

編集・文　猪股真紀（ユニット）

企画　島田修二（マイナビ出版）

[注意事項]
・各施設および店舗の営業時間・料金などの情報は、2024年11月現在のものです。
・本書の一部または全部について個人で使用するほかは、著作権法上、株式会社マイナビ出版および著作権者の承諾を得ずに無断で模写、複製することは禁じられております。
・本書について質問等ありましたら、往復ハガキまたは返信用切手、返信用封筒を同封の上、株式会社マイナビ出版編集第2部までお送りください。
・乱丁・落丁についてのお問い合わせは、TEL：0480-38-6872（注文専用ダイヤル）、電子メール：sas@mynavi.jp までお願いいたします。

定価はカバーに記載しております。

ISBN978-4-8399-8518-9
Printed in Japan

[著者プロフィール]

Sunchannel

東京都在住。

社会人として働く傍ら、元々趣味であったひとり旅の動画を2019年5月よりYouTubeに投稿開始。

現在、投稿動画数160本以上。

旅先で出会った各地の美味しいグルメや観光地を中心に、宿泊施設やその土地のちょっとした歴史などを動画内で紹介している。

主に日本国内を旅しており、47都道府県全制覇が目標。